à MONTRÉAL

Alexis

MICHELIN

Editions des Voyages

SOURCE DES PHOTOGRAPHIES

Photos fournies par The Travel Library, Winston Fraser première de couverture, 3, 23(haut), 35, 47, 63, 87, 111; Michael Klinec page de titre, quatrième de couverture 5, 8, 9, 11, 13, 16, 18, 21, 22, 23(bas), 26, 27, 28, 30(h,b), 31, 32, 33, 34, 36, 39, 40, 41, 42, 43, 44, 45, 46, 48, 49, 50, 51, 53, 55, 56, 59, 61, 64, 66, 68, 73, 74, 75, 78(h,b), 79, 80, 81, 82, 83, 84, 92, 93, 98, 100, 103, 107, 116, 119, 125; Tourisme Montreal 113.
Autres photos : Tourisme Québec 25, 76, 88(h,b), 89, 90, 105.

Première de couverture : The Illuminated Crowd, *1981 Avenue McGill College ;*
quatrième de couverture : le Saint-Laurent et Vieux-Montréal en arrière-plan ;
page de titre : plateau Mont-Royal.

MANUFACTURE FRANÇAISE DES PNEUMATIQUES MICHELIN
Place des Carmes-Déchaux - 63000 Clermont-Ferrand (France)

Dépôt légal janvier 2001 - ISBN 2-06-000193-5 - ISSN 1275-7179

Printed in Spain 01/01

MICHELIN Editions des Voyages
46, avenue de Breteuil – 75324 Paris Cedex 07
Tél. 01 45 66 12 34
www.michelin-travel.com

SOMMAIRE

INTRODUCTION

« Montréal ! Ah, Montreal !... » Prononcé en français ou en anglais, ce nom suscite un même sourire et un enthousiasme unanime. Montréal n'a pas besoin d'afficher quantité de statistiques et de records pour asseoir sa notoriété. Bien sûr, c'est un grand centre industriel, financier, commercial et technologique, le premier port canadien et un nœud ferroviaire, mais Montréal c'est surtout une ville qui sait vivre et qui s'impose par sa personnalité attachante.

Vu d'avion ou au loin à l'horizon, c'est une grande métropole, avec ses gratte-ciel, ses gigantesques installations olympiques, son réseau autoroutier, ses banlieues et, en plein milieu, une montagne verdoyante. Approchez un peu et vous verrez un Montréal propre, gai et sûr – on se promène en toute quiétude dans la rue Sainte-Catherine à toute heure du jour et de la nuit, même en hiver. À deux pas du centre-ville, moderne et animé, flânez dans le Vieux-Montréal, resté quasiment intact depuis le 19e s. Parsemé de « carrés », de parcs et de vénérables églises, le vieux quartier français baigne dans une atmosphère du temps jadis et rappelle que la ville fut un avant-poste de la civilisation européenne sur un continent sauvage. Mais sous son aspect lisse et sage, la ville réserve au visiteur des milliers de surprises. Si le climat n'est pas à votre goût – trop chaud, trop froid ou trop humide – plongez dans la ville souterraine ; si vous êtes las de l'activité citadine, partez en direction du Nord : à quelques rues du centre, la forêt du parc du Mont-Royal offre un complet dépaysement.

Montréal vu de Mont-Royal.

Laissez-vous porter par cet environnement étonnamment français – Montréal est la deuxième ville francophone après Paris. Plus généralement, c'est son caractère latin qui fait de Montréal une ville si délicieuse à explorer. Les Montréalais ont du chien et de l'humour, ils savent associer le plaisir au travail, joindre l'utile à l'agréable jusque dans les moindres détails de la vie. Vous aussi, savourez le choc des cultures, l'extraordinaire alliance du meilleur des mondes qui composent la ville : service impeccable et hospitalité québécoise... efficacité nord-américaine... cuisine raffinée à la française et restauration rapide... vie nocturne palpitante... calme des grands espaces verts et des jardins sur les rives du Saint-Laurent... le français parlé partout... l'anglais compris par tous... et la mosaïque des cultures – grecque, chinoise, italienne, juive... Ouverte à tout et à tous, cette ville vous invite à partager la richesse de sa diversité.

GÉOGRAPHIE

Montréal est bâtie sur une île de 50 km de long et de 17 km de large, à la jonction de la rivière des Outaouais et du Saint-Laurent, principal axe fluvial qui mène de l'Atlantique au cœur du continent.

Le mont Royal, dominé par sa croix, est l'emblème de la ville. La « montagne », comme on l'appelle ici familièrement, est l'une des collines montérégiennes qui s'élèvent au-dessus du lit d'une ancienne mer. Elle forme un arrière-plan sur lequel se détachent les silhouettes des gratte-ciel du centre-ville. De son sommet on découvre au loin de beaux points de vue sur les différents quartiers et enclaves s'étendant vers les banlieues. Un chapelet d'îles, vertes pour la plupart, s'égrène le long du Saint-Laurent et de sa vallée fertile. De grands navires remontent les eaux profondes du fleuve sur un millier de kilomètres, depuis le Golfe du Saint-Laurent jusqu'au port de Montréal. À une quarantaine de kilomètres au Nord, on aperçoit les Laurentides. Au Sud et à l'Est court

la chaîne des Appalaches dont on distingue les plus hauts sommets, tandis qu'à l'Ouest, le fleuve dessine entre ses méandres une guirlande de lacs.

Cette ville nordique, exposée aux vents et aux influences climatiques du Sud, de l'Ouest et des régions polaires, est soumise à des variations climatiques extrêmes. Les hivers sont longs et enneigés mais finalement supportables. Les journées d'été, que la lumière du Nord allonge agréablement, sont rayonnantes et régénératrices – bien que parfois un peu lourdes.

HISTOIRE

Le destin de la ville a été fortement marqué par la géographie exceptionnelle de l'île de Montréal – son site et ses liens naturels avec le reste du pays. Déjà pour les Mohawks de la nation iroquoise, la rivière facilitait les échanges, les collines offraient une protection contre les crues printanières et les éventuelles incursions d'une tribu rivale. Avant l'arrivée des Européens, les Iroquois, essentiellement fermiers et chasseurs, menaient une vie simple.

Un avant-poste français

Jacques Cartier fut le premier Français à explorer le Saint-Laurent, à la recherche d'or et d'un passage vers l'Asie par le Nord-Ouest. Débarquant sur une île de ce fleuve en 1535, il rencontra un village huron, **Hochelaga**, à l'emplacement de la ville actuelle. L'histoire raconte qu'il gravit le mont Royal et le baptisa Mont Réal en l'honneur du roi de France.

La présence d'« âmes impies » fut dûment rapportée, mais on les laissa en paix pendant encore environ 75 ans. En 1603, **Samuel de Champlain** poussa plus loin l'exploration et établit un poste de traite des fourrures à Place Royale en 1611. L'intérêt de la France pour cette région reposait sur son importance stratégique et surtout

Montréal aux couleurs de l'été indien...

Maison traditionnelle Mohwak à Kahnawake.

sur ses abondantes ressources, en particulier la fourrure. Les intentions de la France dépassèrent les simples préoccupations commerciales à partir de 1642, lorsque **Paul de Chomedey, Sieur de Maisonneuve**, fonda la mission de Ville-Marie, dont la communauté comptait une cinquantaine de Français. Son objectif était double : convertir les Indiens au christianisme et, surtout, renforcer la présence française dans la région.

L'évangélisation ne fut pas aisée et les débuts de Ville-Marie furent précaires. Les missionnaires envoyés à l'intérieur des terres furent parfois massacrés. La difficulté d'obtenir des récoltes sur cette terre étrangère et dans des conditions hostiles, les aléas de l'approvisionnement en provenance de la France et les hivers interminables firent de nombreuses victimes. Mais Ville-Marie et les colonies installées le long du fleuve résistèrent et finirent par prospérer. Bien à l'abri à l'intérieur des terres, elles n'étaient pas inquiétées par la marine britannique.

La vie s'organisa d'abord comme en France, s'enracina, puis évolua à sa façon. Les gouverneurs, venus de France, détenaient le pouvoir et étaient responsables de la défense du pays. Les ordres monastiques prenaient soin des âmes, de la vie spirituelle, de l'éducation, de la santé et représentaient un pouvoir économique. En 1644, Sœur Jeanne Mance fonda l'ordre hospitalier de l'Hôtel-Dieu. Sœur Marguerite Bourgeoys fonda la première école pour jeunes filles françaises et indiennes en 1658.

La loi française fut adaptée aux conditions locales. Les premières concessions furent accordées en 1648. Les « seigneurs », propriétaires terriens, faisaient respecter l'ordre public et la tradition féodale en exerçant un contrôle sur les moyens d'existence de leurs métayers. Les concessions d'exploitation minière et le commerce des fourrures assuraient des revenus à la couronne de France. En 1660, de grandes quantités de peaux transitaient par Ville-Marie qui était devenue le plus important comptoir d'Amérique du Nord. Les nations indiennes n'étaient cependant pas toujours pacifiques. Les colons de Lachine, à quelques kilomètres en amont, furent massacrés en 1689. Les Iroquois signèrent le **Traité de paix de Montréal** en 1701, ce qui ne les empêcha pas de reprendre le sentier de la guerre de temps à autre.

Montréal grandit, mais lentement. En 1681, ses habitants étaient au nombre de 1 418. Moins prospère à l'époque que les colonies des Antilles, la Nouvelle-France remplissait néanmoins un rôle stratégique, contrôlant les cours d'eau menant à l'intérieur des terres. Alors que d'autres puissances européennes luttaient pour dominer les Amériques, les affrontements sur le territoire devenaient inévitables, en particulier avec les Britanniques qui se battaient déjà en Europe contre les Français.

En 1713, les Britanniques s'emparèrent de l'Acadie, (aujourd'hui la côte Ouest de la Nouvelle-Écosse) et en chassèrent les colons français en 1755. L'Angleterre surveilla de près les colonies françaises du Saint-Laurent lorsque les hostilités reprirent en 1756. La forteresse de Frontenac, perchée sur son éperon rocheux, qui dominait le Saint-Laurent à Québec, paraissait inexpugnable – jusqu'à ce qu'un débarquement de nuit permît à l'ennemi de prendre les plaines d'Abraham en 1759. La féroce et fulgurante bataille donna la victoire aux Anglais. Ceux-ci en parlent comme de « la conquête » tandis que les Québécois l'appellent encore « la défaite ». Les deux armées virent tomber leurs chefs, les troupes françaises régulières furent écrasées et le destin du continent bascula.

À l'issue de ce désastre, Montréal devint la capitale de la colonie française, puis finit par se rendre aux Britanniques en 1760.

La domination britannique

La Nouvelle-France passa à la couronne d'Angleterre. Pourtant, Montréal ne devint pas tout à fait une ville anglaise. Par la loi constitutionnelle de 1774, connue sous le nom d'**Acte de Québec**, le Parlement britannique accordait à la communauté franco-catholique le libre exercice de sa religion ainsi que le maintien du régime seigneurial et des lois civiles françaises. La société

Vestiges des fortifications françaises au Champs de Mars.

canadienne française continua de s'épanouir, sous la houlette des autorités ecclésiastiques, à défaut de la France. Les prêtres encourageaient leurs ouailles à cultiver la terre, embrasser la religion ou choisir certaines carrières, notamment la médecine ou le droit. Lorsque l'enseignement public fut créé, il s'organisa selon deux systèmes : l'un catholique, largement français, et l'autre protestant.

De l'allégeance à la couronne de France les Canadiens français passèrent sans difficulté à celle d'Angleterre. Lorsque les Américains révolutionnaires occupèrent Montréal en 1775, ils s'attendaient à trouver chez les Canadiens français des alliés partageant leur aversion pour les Anglais. **Benjamin Franklin** fit partie d'une délégation qui tenta de gagner la population à la cause révolutionnaire. Peine perdue. Les Américains s'en furent batailler ailleurs. En 1812, une nouvelle tentative se heurta à la même réserve et fut repoussée.

Dans le sillage de la Révolution américaine, les conservateurs, fidèles à la couronne d'Angleterre, s'enfuirent vers le Nord. Parallèlement à la société française, une société anglophone se constitua, basée sur le commerce et la consolidation de l'emprise britannique sur ce qui lui restait de territoires en Amérique du Nord. En 1791, la colonie largement francophone du Bas-Canada (Québec) se sépara du Haut-Canada (Ontario), à dominante anglophone.

Une métropole du Canada

Montréal s'agrandit et comptait 20 000 habitants en 1800. En 1801, il fallut détruire les grandes murailles qui encerclaient le quartier qu'on appelle aujourd'hui le Vieux-Montréal. La **traite des fourrures** et le transport fluvial furent à l'origine de l'essor de la ville. La Compagnie du Nord-Ouest, fondée par Simon McTavish en 1784, s'engagea dans une âpre lutte avec la Compagnie de la baie d'Hudson pour le contrôle du négoce des fourrures. La fusion des deux rivales en 1821 priva Montréal de son activité d'exportation des peaux au profit de la baie d'Hudson, et la cité perdit momentanément de son importance.

Le développement des industries linière et minière combla vite ce fléchissement. Contournant les rapides du Saint-Laurent, le canal de Lachine, inauguré en 1825, ouvrit la voie des Grands Lacs et conforta la ville dans son rôle de plaque tournante des transports. Au port de Montréal, les marchandises étaient transbordées des grands navires de haute mer sur des embarcations qui rejoignaient les Grands Lacs par le canal. L'industrie emboîta le pas, notamment l'industrie textile qui profita de l'énergie hydraulique et de l'amélioration de l'accès aux matières premières. Plus tard, au départ du port de Montréal, les chemins de fer se lancèrent à la conquête du continent. La première ligne atteignit Lachine en 1847. Le pont Victoria permit le franchissement du fleuve et la construction de l'axe ferroviaire Nord-Sud en 1859. Dès 1886, les trains ralliaient Vancouver.

La colonisation de l'Ouest canadien, le commerce des céréales produites dans les nouvelles exploitations agricoles, l'industrialisation des colonies britanniques favorisèrent la croissance de Montréal. Le capital était essentiellement anglais, les entrepreneurs, écossais ou américains, et les ouvriers, qui construisirent la ville, en majorité irlandais, arrivés en masse après la grande famine que connut l'Irlande (1846-1849). Les fortunes se bâtissaient vite, et les nouveaux capitaines d'industrie, comme William Van Horne, fondateur des chemins de fer *Canadien Pacifique*, édifièrent leurs somptueux hôtels particuliers dans le Mille Carré Doré, le long de la rue Sherbrooke, qui était en ce temps-là un quartier périphérique, au pied du mont Royal.

L'argent du commerce appela le pouvoir et les conflits politiques. L'afflux d'immigrants venus d'Écosse, d'Angleterre et d'Irlande stimula l'essor économique mais fit de Montréal une ville majoritairement anglophone pendant la première moitié du 19e s. Les francophones se sentirent lésés sur le plan économique, et politiquement marginalisés. Ils disposaient de la majorité à l'Assemblée législative, mais les Conseils législatif et exécutif demeuraient anglais et le gouverneur,

Les drapeaux du Canada, du Québec et de Montréal flottent devant le Marché Bonsecours, autrefois siège du Canada-Uni.

nommé par la couronne britannique, tenait les rênes du pouvoir. La **Rébellion des patriotes**, motivée par un profond sentiment démocratique, éclata en 1837 et des émeutes firent rage à Montréal. En 1844 la ville, peuplée alors de 44 000 habitants, devint la capitale du Canada-Uni, un statut qu'elle conserva jusqu'en 1849, lorsque des émeutiers incendièrent le Parlement de la Place d'Youville. La **Constitution de 1867**, ratifiée par le Parlement britannique, établit la confédération canadienne des quatre provinces –Québec, Ontario, Nouveau-Brunswick et Nouvelle-Écosse – une nouvelle entité politique conçue pour donner un plus grand pouvoir politique aux Canadiens.

Une ville moderne

Avec le desserrement des liens qui l'unissaient à l'Angleterre, Montréal perdit son caractère colonial et acquit un statut de métropole. Le 20e s. vit la poursuite de l'industrialisation, l'extension des lignes de tramway et la construction de certains des plus grands immeubles de bureaux du Canada.

Montréal devint plus cosmopolite. Des noirs américains immigrèrent, attirés par l'offre d'emplois dans la construction des chemins de fer et le climat social moins opprimant. Les Chinois, qui avaient construit les chemins de fer américains, vinrent aussi s'installer, suivis d'immigrants de l'Europe de l'Est et du Sud.

Montréal opéra alors un retour sur ses racines québécoises. La ville s'étendit au-delà de ses murs d'origine, se lança à l'assaut des pentes du mont Royal et absorba les communes voisines, toutes francophones. À la faveur de l'immigration rurale et du taux de natalité plus fort des populations catholiques, Montréal redevint majoritairement francophone. La fracture qui existait depuis longtemps entre francophones et anglophones s'accentua. L'opposition à la conscription fut très répandue parmi les Canadiens français au cours des deux guerres mondiales. Le temps de l'alternance tacite des maires anglophones et francophones était révolu. Les Canadiens français s'emparèrent du pouvoir politique, avec le soutien et la coopération des milieux d'affaires montréalais encore majoritairement anglophones.

Après la Seconde Guerre mondiale, durant **La Révolution tranquille**, l'autorité de l'église commença à s'effriter – préfigurant d'ailleurs l'évolution qui allait se produire en Irlande, en Espagne et en Italie. Désormais, les familles nombreuses, les vocations religieuses et les orphelinats remplis d'enfants non désirés appartenaient au passé. Les Montréalais, tant francophones qu'anglophones, finissaient par se ressembler dans leur manière de vivre. Les francophones, enfin affranchis, commencèrent à exercer leurs talents dans tous les domaines.

Le nationalisme canadien français, qui fut toujours une expression culturelle puissante, prit un tour

Le Saint-Laurent.

politique. Au-delà de l'autonomie culturelle et linguistique réclamée depuis longtemps, les Canadiens français aspiraient désormais à ce qui revenait jusque là aux Anglais : des postes de direction, le pouvoir financier et le pouvoir politique. Grâce à leur travail et au changement politique, il progressèrent dans la voie qu'ils s'étaient tracée. Le gouvernement provincial nationalisa la production de l'électricité à Montréal et dans le reste du Québec, puis orienta l'investissement public vers les entreprises québécoises.

Au milieu du 20e s. Montréal devint le chef de file de l'urbanisme dans les contrées froides, avec la construction de grands complexes souterrains, comme la Place Ville-Marie, qui protègent les galeries marchandes des rigueurs climatiques. Sous l'impulsion de son maire, **Jean Drapeau**, Montréal fut prise d'une folie dépensière qui devait la métamorphoser en cité moderne et monumentale. On construisit un métro à pneu ultra moderne ; un réseau d'autoroutes aériennes et souterraines traversèrent ou contournèrent la ville en tous sens. De nouveaux ponts enjambèrent le Saint-Laurent. Inaugurée en 1959, la voie maritime du Saint-Laurent ouvrit enfin aux navires de haute mer l'accès des Grands Lacs. Le dynamisme de Montréal fut célébré à l'occasion de l'exposition internationale **Expo '67** et des **Jeux olympiques** de 1976.

La remise en question

Aussi brillante et cosmopolite soit-elle, la ville n'est pas exempte de fêlures. Les Jeux olympiques ont grevé son budget d'une dette qui, 24 ans après, court toujours. L'ouverture de la voie maritime du Saint-Laurent a détourné une partie de l'activité portuaire au profit des Grands Lacs, et l'industrie s'est déplacée vers l'Ouest. Sa rivale, Toronto, lui a ravi la première place, tant par la taille que par son activité économique.

Les tensions entre les deux principaux groupes linguistiques du Canada se cristallisèrent à Montréal, dans la ville où ils se rencontrent le plus souvent. Les souverainistes canadiens français cherchaient à étendre leur suprématie culturelle et économique au Québec, avec ou sans le Canada, quitte à opter pour la séparation. Une petite minorité préconisait la violence pour atteindre ses objectifs. En 1970, le Front de Libération du Québec enleva un patron britannique et assassina un ministre du gouvernement provincial. La loi martiale fut décrétée à la demande de la province. La crise d'octobre passa, mais la présence des troupes fédérales laissa un sentiment d'amertume.

Le nationalisme québécois abandonna la violence et prit le chemin des urnes. En 1976, à la surprise du milieu des affaires, le **Parti québécois**, nationaliste souverainiste, remporta les élections. L'instabilité politique aggrava la situation déjà vacillante de l'économie montréalaise. Les sièges sociaux des grandes sociétés déménagèrent à Toronto, ou plus loin vers l'Ouest. Alors que Montréal avait autrefois attiré les affaires, les investissements et les entrepreneurs, le flot s'était inversé.

Les lois et les attentes changèrent. Dorénavant, les immigrants devaient suivre des cours de français, quelles que soient leurs origines. « Les langues autres que le français » – euphémisme pour désigner l'anglais – étaient bannies du commerce, des services publics, de la publicité et, autant que possible, des affichages. Les nouvelles lois étaient applicables à la province, mais elles n'eurent vraiment d'effet qu'à Montréal. La ville demeurait cosmopolite, mais la langue commune avait changé.

Un équilibre s'est rétabli sur le front des langues. Des plaintes s'élèvent de temps à autres, mais globalement tous travaillent ensemble sans rechigner, comme ils l'ont d'ailleurs presque toujours fait par le passé. Deux référendums proposant la « souveraineté-association » du Québec ont échoué de peu, cette éventualité étant ressentie comme légitime même si elle n'est pas vraiment fondée.

Autrefois détentrice du triste record du chômage au Canada, Montréal a retrouvé la prospérité. Les industries traditionnelles ont été remplacées par des sociétés de télécommunication et de haute technologie. Actuellement, des organisations et des sociétés internationales s'installent à Montréal, attirées par l'environnement multilingue, le biculturalisme, le confort de la vie américaine, le coût modéré de la vie, la qualité des équipements sportifs et récréatifs et l'ambiance cosmopolite. Tout en préservant son sens de l'histoire et en oeuvrant dans la continuité, Montréal est plus dynamique et sympathique que jamais. Voilà pourquoi on aime y venir.

PEUPLES ET CULTURES

La langue c'est le peuple

Comment décrire la population de Montréal – un million *intra muros*, trois millions dans la zone métropolitaine ? Au premier abord, elle est terriblement « française pure laine », c'est-à-dire québécoise de souche. Les Québécois, originaires de plusieurs régions de France – Normandie, Île de France, Perche, entre autres – sont censés s'être fort peu mélangés. Mais que dire de Monsieur Aulèrie de Montréal, dont l'ancêtre était un certain O'Leary du comté de Clare. Les Johnson et les Ryan sont ici typiquement français et appartiennent à des dynasties d'hommes politiques bien connues. En revanche, des Lapierre et des Trudeau ne parlent pas un traître mot de français, d'autres parlent les deux langues mais n'en écrivent qu'une et d'autres encore n'en parlent aucune particulièrement bien.

Ici, la langue est signe d'appartenance à un groupe ethnique. Un athlète noir de la République dominicaine qui joue comme « bloqueur » dans l'équipe de base-ball de Montréal est considéré comme « anglais » (ou anglophone). Il communique dans cette langue avec les membres de son équipe et le monde en général. Monsieur Goldstein, né à Montréal et éduqué à l'école anglaise, est anglais. Monsieur Lévy, dont les parents sont arrivés du Maroc dans les années cinquante, est français. Tous les deux appartiennent à la communauté juive, mais l'un est francophone et l'autre anglophone. Monsieur Papadopoulos et Monsieur Gómez, récemment arrivés, parlent respectivement grec et espagnol chez eux : ce sont des allophones. Il y a de fortes chances que leurs enfants s'expriment sans difficulté dans les trois langues. Pour compléter ce riche tableau linguistique et culturel, citons les Mohawk de Kahnawake, installés à la sortie de la ville, qui parlent en général anglais.

Deux langues, deux cultures

Les anglophones de Montréal parlent habituellement la langue utilisée dans le reste du Canada, claire et précise, émaillée de quelques expressions locales, souvent empruntées au français du Canada (« dépanneur » pour épicier). En revanche, le français est représenté par une riche palette de parlers qui vont d'une langue dont la prononciation et la grammaire sont identiques à celles de la France, en passant par les intonations et les expressions locales de Radio-Canada, jusqu'au *joual*, le parler argotique, populaire et coloré.

Les classifications sont affaire de jugement et mettraient dans l'embarras bien des agents du recensement. Globalement, environ les deux tiers de la population de l'île de Montréal (la ville-même et une vingtaine de banlieues) sont francophones, mais beaucoup parlent l'anglais aussi. Sur le tiers restant, moins de la moitié – 14 %– utilisent l'anglais comme première langue, mais la moitié seulement de ceux-là, soit 7 %, sont d'origine britannique. Les autres sont allophones, leur langue maternelle étant une langue tierce, ce qui, au Québec, signifie généralement que la génération suivante sera francophone.

L'écrivain Hugh McLennan utilisa l'expression « deux solitudes » pour décrire la coexistence pacifique, sinon parfois réticente, des francophones et des anglophones depuis deux siècles. Certes ils vivent côte à côte mais ce qui les rapproche est moins visible que ce qui les sépare. À Montréal, la frontière est matérialisée par le Boulevard Saint-Laurent, appelé par les anglophones *Saint Lawrence Boulevard*, ou encore *The Main*. À l'Est se trouvaient les quartiers ouvriers de la communauté francophone, des maisons à trois niveaux assorties d'escaliers métalliques extérieurs aux marches traîtres ; au Sud-Ouest, quelques quartiers ouvriers irlandais et noirs, où les escaliers sont à l'intérieur des maisons. L'élite francophone, composée de médecins et d'avocats, résidait à Outremont, dans des demeures cossues de style Second Empire. L'élite anglophone, capitaines d'industrie et hommes d'affaires, occupait le Mille Carré Doré sur la rue Sherbrooke, puis émigra vers l'Ouest, sur les hauteurs de Westmount, charmante enclave municipale, avec ses rues bordées d'imposantes maisons du Second Empire ou de style Beaux-Arts et de belles enfilades de maisons à porche. L'**université McGill** possède un campus d'une valeur immobilière inestimable à deux pas du centre-ville, au Sud du mont Royal, tandis que l'**université de Montréal**, adossée au flanc Nord de la montagne, affirme son importance en arborant l'un des joyaux architecturaux de la ville : l'imposante tour due à Ernest Cormier.

Festival Présence Autochtone.

Ces deux principales communautés développent, chacune de son côté, des expressions artistiques qui s'ignorent mutuellement. Le musicien **Leonard Cohen** et l'écrivain **Mordecai Richler** sont appréciés dans la Montréal anglophone, le reste du Canada et à l'étranger, tout en étant inconnus de beaucoup de francophones. Pareillement, de nombreux Montréalais anglophones n'ont jamais lu un livre de la romancière

Gabrielle Roy dont l'œuvre s'inspire de la vie de la classe ouvrière francophone, ni vu une pièce de théâtre de **Michel Tremblay**, qui met en scène la vie des familles et des quartiers francophones. On peut fredonner un air de la comédie musicale *Notre Dame de Paris* dans l'Ouest sans connaître le nom de son compositeur, Luc Plamondon. Il y a cependant des exceptions comme Céline Dion, à la renommée internationale, ou le fameux **Cirque du Soleil**, qui régulièrement bat tous les records d'audience et se produit à Las Vegas à guichet fermé.

Les chiffres du recensement indiquent que les divisions traditionnelles s'estompent. Les mariages entre francophone et anglophone sont aujourd'hui très fréquents. Les anglophones de la jeune génération parlent le français couramment – et sont souvent agacés par l'ignorance de leurs aînés qui ne l'ont jamais appris. Les nationalistes ont effectivement réussi à faire du français la langue commune, mais ils ont aussi, sans le vouloir, encouragé l'apprentissage de l'anglais, qui est très utilisé même si le visiteur ne s'en aperçoit pas au premier abord. Dorénavant les francophones souhaitent apprendre l'anglais à l'école. Les jeunes veulent profiter de ce que chaque culture offre de mieux. Au lieu d'aboutir à la disparition de l'une des langues, le conflit linguistique a conduit non sans douleur à l'appréciation mutuelle : chacun y trouve son compte.

Un creuset ethnique

Des générations successives d'immigrants se sont intégrées entre les deux communautés, occupant généralement la zone de séparation.

Comme dans les autres villes canadiennes, leur présence est forte – environ 20% de la population est née à l'étranger, avec une proportion importante d'asiatiques et de latino-américains. Des groupes ethniques perpétuant leurs traditions sont les héritiers de précédentes vagues d'immigration. Les communautés juive, grecque ou italienne, dont la plupart des membres sont nés au Canada, sont très actives. Les descendants des premiers noirs, arrivés à Montréal avant la guerre de Sécession, fuyant l'esclavagisme des États du Sud, puis la seconde vague attirée par l'embauche dans la construction des lignes chemins de fer transcontinentales, représentent aujourd'hui 5% de la population métropolitaine. Plus tard des francophones et des anglophones sont venus des Caraïbes.

La communauté indigène est peu nombreuse à Montréal – moins de 1%. La ville possède cependant un centre de services et de santé pour les communautés inuit et indienne du Nord, tandis que les communautés locales, comme celle de Kahnawake, prospèrent dans les environs en affirmant leurs coutumes et droits ancestraux.

À VOIR ABSOLUMENT

Place d'Armes★

Elle résume tout Montréal, son histoire et ses traditions : au cœur du **Vieux-Montréal★★★**, berceau de la ville, entourée de la **basilique Notre-Dame★★★**, symbole du pouvoir traditionnel du clergé catholique, et des banques qui ont engrangé les richesses d'un Canada à la prospérité grandissante.

Place Jacques-Cartier★★

Inclinée en pente douce vers le Vieux-Port, cette voie piétonne datant du 19e s. est animée en permanence, mais particulièrement en été avec ses terrasses de cafés, ses artistes de rue et ses artisans ambulants.

Oratoire Saint-Joseph★★

Valeur fondatrice du Canada français, la foi catholique n'est nulle part plus manifeste et plus

poignante que dans ce vaste temple dédié aux miracles de la guérison.

La ville souterraine★★★

Les Montréalais ont réussi à contourner un climat extrême en aménageant des galeries sous terre. Vous apprécierez certainement vous aussi de « magasiner » sans avoir à mettre le nez dehors, en passant d'un quartier à l'autre grâce au métro.

Tour du Vieux-Montréal en calèche★★★

Au pas mesuré d'un cheval, goûtez le charme de Montréal, ses traditions vivantes et l'activité du **Vieux-Port★**.

Rue Saint-Denis la nuit★

Le cœur du Montréal cosmopolite bat plus fort dans le Quartier Latin, où restaurants, bistrots, théâtres, cinémas et terrasses de cafés attirent les promeneurs à toute heure et en toutes saisons.

Parc du Mont-Royal★★

Le mont qui porte le nom de la ville n'est pas une simple oasis de verdure consacrée aux loisirs, c'est l'emblème de Montréal. Il domine le centre-ville, le fleuve et la région.

Parc olympique★★

C'est un morceau de bravoure architecturale. Que vous l'aimiez ou non, la tour penchée relève incontestablement de la prouesse et son sommet offre une **vue★★★** exaltante.

L'intérieur grandiose de la Basilique Notre-Dame.

COMMENT VISITER LA VILLE

À pied ! car la ville se prête à la marche : les rues Saint-Denis et Guy, le Saint-Laurent et l'avenue des Pins dessinent un quadrilatère d'environ 2 km de côté. On s'y déplace facilement et rapidement. Il pleut, il neige, la chaleur est étouffante ? Plongez dans la ville souterraine, vous irez partout, vous rejoindrez de nombreux points de la ville, à l'abri des excès du climat.

Pour parcourir de plus grandes distances, Montréal possède un réseau de bus et un métro efficace, propre et moderne *(voir p. 124)*.

Orientation

Le Saint-Laurent coule d'Ouest en Est, mais dans sa traversée de Montréal, il fait un crochet vers le Nord. Aussi est-ce par pure convention que l'on parle de ses rives Nord et Sud, et des orientations Est et Ouest des rues qui lui sont parallèles. Pour simplifier, on dit que la ville est organisée selon deux axes perpendiculaires : l'axe Ouest-Est du fleuve Saint-Laurent et l'axe Nord-Sud du boulevard Saint-Laurent (les numéros des rues qui s'élancent vers le mont Royal débutent au Saint-Laurent). Ce boulevard est l'axe central de la ville et marque la limite entre les mentions « Est » et « Ouest » ajoutées aux noms des rues, selon qu'elles se situent « en aval » ou « en amont » par rapport à cet axe.

Horaires d'ouverture des musées

Les musées sont fermés le lundi, sauf exceptions signalées. Les horaires sont parfois réduits en dehors de la belle saison, en particulier ceux des attractions du parc des Îles. Vous pouvez vous procurer une carte d'entrée dans les musées, valable deux jours, au centre **Infotouriste** *(voir p. 122)* ou aux guichets des musées.

VIEUX-MONTRÉAL★★★

La visite de Montréal commence logiquement là où la ville est née. Pendant longtemps le quartier du Vieux-Montréal, bordant le Saint-Laurent et délimité par les rues Saint-Jacques, Berri et MacGill, fut délaissé, tandis que la ville grimpait l'escarpement et s'étendait vers le Nord. Le centre-ville s'est déplacé au fil des ans, laissant intacts les couvents, les églises, les maisons, et les grandes demeures de la période coloniale. Dans les années 60, le Vieux-Montréal bénéficia d'un regain d'intérêt et fit l'objet de travaux de restauration. L'embourgeoisement du quartier et les investissements publics en ont fait un lieu

Au-delà du Vieux-Montréal remarquablement préservé s'étend la ville moderne.

privilégié et vivant, à la fois résidentiel et commerçant. Le son des sabots d'un cheval résonne sur le pavé… fermez les yeux, vous êtes en plein 19e s.

Place d'Armes★

Commencez votre périple par le cœur traditionnel de Montréal, la place publique tracée il y a plus de 300 ans (métro *Place-d'Armes*). Vous y découvrirez les jalons marquant le développement de la ville. En son centre, le **monument de Maisonneuve**★ [CY 1] honore la mémoire de Paul de Chomedey, Sieur de Maisonneuve, fondateur de la ville, sur le lieu-même où il vainquit les Iroquois.

Au sud s'élève l'imposante **Basilique Notre-Dame**★★★, édifiée entre 1824 et 1829 [CY]. Les tours jumelles, d'une hauteur de 69 m, nommées *La Tempérance* et *La Persévérance*, ne manquent pas de majesté, bien qu'elles soient à présent éclipsées par les grands immeubles modernes. La magnificence néogothique de l'extérieur se prolonge à l'intérieur, dans les boiseries

Le Sieur de Maisonneuve en terrain conquis.

flamboyantes peintes et dorées, les chaires finement sculptées et les niches peuplées de saints, le tout baigné d'une lumière naturelle teintée de bleu. La tour Est abrite un carillon à dix cloches et la tour Ouest contient le Gros Bourdon, une cloche de 11 000 kg. La **Chapelle du Sacré-Cœur**, accessible derrière le maître-autel, fut ravagée par un incendie en 1978 et reconstruite dans un style contemporain. Elle renferme un remarquable retable de bronze et des boiseries de chêne clair.

Jouxtant la Basilique, le **Vieux Séminaire de Saint-Sulpice**★ est le plus ancien bâtiment de l'île de Montréal, construit entre 1684 et 1687 et agrandi par la suite.

L'horloge du Vieux Séminaire de Saint-Sulpice indifférente au temps qui passe.

Les tours jumelles de Notre-Dame inébranlables au milieu des immeubles modernes.

À l'origine centre de formation spirituelle, il gagna en importance, car les Sulpiciens détenaient le pouvoir sur l'île et en furent les seigneurs féodaux pendant 200 ans. L'horloge, datant de 1701, est l'une des plus anciennes d'Amérique du Nord. Au bout des allées et des chemins, vous entr'apercevrez des jardins clos, îlots de verdure, vestiges des biens fonciers de l'église, protégés par un statut fiscal avantageux.

Au Nord de la place d'Armes, domine la façade monumentale néoclassique de la **Banque de Montréal★**, surmontée de son dôme. L'extérieur fastueux, inspiré du Panthéon romain, et la somptueuse décoration intérieure en firent un temple séculier du pouvoir britannique et protestant, un symbole de la richesse de Montréal. Cet édifice servit de modèle à de nombreuses succursales de la banque qui furent construites dans le pays. Il abrite un musée Numismatique.

À l'angle de la rue Saint-Jacques Ouest, au n° 360, se trouve la **Banque Royale du Canada★** qui fut le plus haut édifice de l'Empire britannique lors de sa construction en 1928. Son vestibule de style néo-Renaissance est richement orné de bronze. Un superbe escalier de marbre conduit à l'immense salle bancaire.

Si la nostalgie vous en dit, prenez une **calèche** sur la place d'Armes pour continuer la visite au bruit des sabots des chevaux sur les rues pavées de la vieille ville, vous aurez la sensation de voyager dans le temps. D'autres calèches attendent face au Vieux-Port, dans la rue de la Commune.

Deux rues plus loin vers l'Est, au 275, rue Notre-Dame Est, vous atteindrez l'**Hôtel de Ville★** [DY], bâtiment de pierre édifié entre 1872 et 1878. Le toit mansardé, en vogue à l'époque pour les bâtiments publics et les résidences, est typique du style Second Empire. Les grandes hauteurs sous plafond et les fenêtres surdimensionnées sont autant de démonstrations de pouvoir. L'événement le plus marquant survenu en ces lieux fut probablement le fameux discours prononcé par le général de Gaulle du haut du balcon en 1967 se terminant par cet extraordinaire « Vive le Québec Libre » qui attisa les flammes de l'indépendance *(du lundi au vendredi de 8 h 30 à 16 h 30 - visites guidées).*

Au Nord, derrière l'Hôtel de Ville, l'esplanade du **Champ de Mars** [CDY], terrain d'exercice militaire créé par les Français, est devenue un lieu de détente et de pique-nique apprécié des employés des bureaux voisins quand le temps s'y prête. Les deux murets parallèles qui traversent cet espace sont les seuls vestiges de l'ancien mur d'enceinte de Montréal.

À l'Ouest de l'Hôtel de Ville, le **Vieux Palais de Justice**, de style néoclassique, avec son fronton, plus modeste et plus ancien que son voisin, fut construit en 1856. Le dôme et l'étage supérieur sont des ajouts. Au 1, rue Notre-Dame Est s'élève la tour noire

Promenade en calèche : dans la rue de la Commune et la rue Saint-Paul revient le temps jadis.

La colonne Nelson sur la place Jacques-Cartier.

du palais de justice actuel. En face, au n°100 de la même rue, l'édifice **Ernest-Cormier**, construit en 1925, était à l'origine un tribunal. De style classique avec sa colonnade, rebaptisé du nom de son concepteur, le plus célèbre architecte Canadien de la première moitié du 20e s., il abrite actuellement une école de musique et d'art dramatique. À deux pas, le centre **Infotouriste** vous accueille au n° 174. Vous y trouverez des brochures et des cartes du Vieux-Montréal et du reste de la ville.

Maisons historiques

Au 280, rue Notre-Dame Est, en retrait par rapport à la rue, le **Château Ramezay**★ [DY], édifié par le gouverneur Claude de Ramezay en 1705,

servit ensuite de quartier général aux premiers administrateurs britanniques. Depuis sa restauration, il abrite un musée qui possède une très belle collection d'objets ayant trait à la vie sur l'île de Montréal, avant la colonisation française et pendant la première période coloniale *(tous les jours de juin à septembre de 10 h à18 h, d'octobre à mai du mardi au dimanche de 10 h à 16 h 30).*

Au n° 450, le **lieu historique national de Sir-George-Étienne-Cartier★** comporte un groupe de deux maisons, de style Second Empire, qui furent d'abord occupées par ce père de la Confédération canadienne de 1867, partisan du rapprochement entre les deux peuples fondateurs du Canada. L'une des maisons a été restaurée pour évoquer la société à l'époque victorienne, l'autre présente la vie et l'œuvre de Cartier *(ouvert tous les jours en juillet-août de 10 h à 18 h, fermé de janvier à mars).*

Animation des rues

De retour à l'Hôtel de Ville, piquez en direction du Saint-Laurent en empruntant cette large voie piétonne parcourue de jardins. Vous êtes sur la **place Jacques-Cartier★★** qui fut créée en 1804. À l'extrémité Nord se dresse la colonne Nelson

Retour au 18e s. au château Ramezay.

[DY 2], dédiée à Lord Horatio Nelson. Admirez la vue sur le fleuve et le port, les cafés, les terrasses disposées le long des maisons en moellons et les jardins publics de la **place de La Dauversière** [DY 14]. Autrefois occupée par un marché public, la place Jacques-Cartier est l'un des lieux les plus attrayants et vivants du Vieux-Montréal, avec ses marchands de fleurs, ses jongleurs, ses photographes, ses magiciens et autres artistes de rue. Difficile de résister au plaisir de s'asseoir en terrasse dans ce cadre agréable, pour prendre un verre ou se restaurer. L'hiver même ne parvient pas à modérer l'animation – les foules se rassemblent ici pour saluer le nouvel an.

Le printemps est là : artistes en herbe, étals de fleurs…, comme si l'hiver n'avait jamais existé.

Panorama du 19e s.

Désaltéré, restauré et reposé, descendez la place Jacques-Cartier, traversez les jardins de la rue de la Commune et retournez-vous. Sous vos yeux, le vaste panorama d'une Montréal quasiment intacte depuis le 19e s. s'étend le long du quai. Les bâtiments de pierre, de deux, trois ou quatre

étages, laissent voir parfois leur structure métallique, à l'avant-garde des techniques de construction de l'époque. Enseignes de shipchandler, portes cochères cachant des chemins, passages pavés conduisant aux anciennes écuries. Signe des temps, des agences de voyage, des loueurs de bicyclettes… sont installés en ces lieux.

Prenez vers l'Est dans la rue de la Commune, en direction de l'impressionnant bâtiment de style néoclassique qui s'allonge jusqu'à la rue suivante. C'est le **Marché Bonsecours★** (350, rue St Paul Est, également accessible par le quai), construit en 1859, et dont le dôme argenté servait de repère aux marins venant du port **[DY]**. Il eut successivement diverses fonctions, d'abord grand marché et Bourse d'échange de produits sur deux niveaux, puis hôtel de ville, salle de concert et siège temporaire de l'Assemblée du Canada-Uni, après les violentes émeutes et l'incendie du Parlement de la place d'Youville. Aujourd'hui, plus de luttes politiques ni d'âpres négociations, cet espace restauré abrite un lieu d'exposition, des commerces et des salles de spectacles. Parcourez la grande galerie, renseignez-vous sur l'exposition en cours et flânez dans les boutiques qui vendent de beaux tissus, des sculptures inuits et des copies de meubles anciens traditionnels.

La rue se donne en spectacle sur la place Jacques-Cartier.

À l'Est du marché, et bien modeste à ses côtés, **Notre-Dame-de-Bonsecours★** est la chapelle des marins. La construction de l'édifice actuel a démarré en 1771. Observez au plafond les nombreux ex-voto offerts par les marins en remerciement de leurs vœux exaucés, et les boiseries peintes de F. E. Meloche, datant de la fin du 19e s. Sous la chapelle, on a retrouvé les fondations de la première église en pierre de Montréal, construite par sœur Marguerite Bourgeoys, figure légendaire de l'histoire de la ville, dont le souvenir est commémoré ici par un petit **musée**. Il faut gravir la centaine de marches

Du clocher de la chapelle Notre-Dame-de-Bonsecours, la vue sur le port est superbe.

La maison du Calvet et le musée de Marguerite Bourgeoys.

qui mènent à la chapelle aérienne et admirer la superbe **vue★** sur le Saint-Laurent, le Vieux-Port et l'île Sainte-Hélène.

Remontez jusqu'à la **rue Saint-Paul★★**, une des plus anciennes de Montréal, bordée de jolies maisons en moellons, édifiées au 19e s. sous le régime français, dont les toits pentus évitent l'accumulation de la neige. La **Maison du Calvet★** est un des plus beaux exemples de l'architecture urbaine traditionnelle (au coin de la rue Bonsecours). Elle fut la demeure de Pierre du Calvet, huguenot qui soutint la Révolution américaine.

Le premier Port

Postez-vous rue de la Commune, sur le quai, et regardez vers la rive. En face se trouve le premier port de Montréal. Au-delà de la digue moderne, dans le chenal principal du fleuve, grondent les **rapides Sainte-Marie**, les premiers d'une série qui se poursuit jusqu'à Lachine. Ils rendaient dangereuse toute navigation vers l'amont et imposèrent Montréal comme terminal pour les navires de haute mer. Chaque printemps jusqu'au 19e s., la zone alentour était inondée. Si vous aimez

Sensations fortes garanties sur les rapides de Lachine.

les sensations fortes et ne craignez pas de vous faire arroser, des expéditions sont organisées sur les rapides de Lachine *(voir p. 85)*.

En amont, à la hauteur d'un pont métallique aboutissant au quai de transbordement, débute la série d'écluses du **Canal Lachine**. Ouvert en 1825, le canal permit aux navires chargés de marchandises de contourner les rapides et donna un coup de fouet au développement de l'Ouest canadien. Le long des quais se développa la première zone industrielle du Canada. Aujourd'hui, une piste cyclable longe le canal jusqu'à la banlieue de Lachine, distante d'environ 12 km. Actuellement, les bateaux de croisière mouillent au Vieux-Port, tandis que les pétroliers et les porte-conteneurs s'amarrent ailleurs sur le fleuve. Sur l'autre rive du fleuve, la **voie maritime du Saint-Laurent**, empruntée par les navires de haute mer, a rendu le canal Lachine obsolète.

Un second souffle pour le Vieux-Port.

Le Vieux-Port★

Devant vous s'étend la zone portuaire [DY], ses quais et ses entrepôts, qui fut abandonnée puis transformée en un complexe récréatif et culturel ouvert toute l'année. Il comporte des pistes cyclables, des jardins, des jeux et des expositions. Pendant l'été, l'esplanade est idéale pour se promener, faire du vélo ou du roller et profiter de la **vue**★ sur le port.

Rue de la Commune, pourquoi ne pas héler une **calèche** pour visiter cette partie de la ville. Sinon, entrez dans le grand parc aménagé sur la rive – l'entrée est gratuite mais certaines attractions sont payantes. Des mini-trains traversent le parc de bout en bout, à la découverte du port. Vous pouvez louer des bicyclettes pour le visiter ou emprunter la piste cyclable le long du canal de Lachine. L'été, vous pouvez aussi louer un pédalo.

Parade sur l'esplanade.

Commencez votre visite par la **Tour de l'Horloge**, à l'extrémité Sud-Est. Elle fut érigée en 1922 à la mémoire des marins de la marine marchande disparus pendant la Première Guerre mondiale. Grimpez les 192 marches pour admirer la vue sur le fleuve et le Vieux-Montréal.

Sur le Vieux-Port, les activités sont nombreuses : une récente exposition relatait le naufrage du *Titanic* et de l'*Empress of Ireland*, illustré par les objets découverts sur l'épave de ce dernier ; un entrepôt abrite un marché aux puces permanent ; **SOS Labyrinthe**, un dédale gigantesque, plaît à la plupart des enfants ; l'**Interactive Science Centre** organise des expositions et la salle **IMAX** projette des films *(programme dans le journal)* sur son écran géant. Des billets à tarif réduit sont largement distribués pour ces activités. Demandez-les à votre hôtel ou à l'un des centres **Infotouriste**.

À la belle saison, des **navettes** relient le Vieux-Port à Longueuil sur la rive Sud ainsi qu'au parc et

Interactive Science Centre, un pôle d'attraction pour les jeunes.

au casino de l'**île Sainte-Hélène**. Sont également proposés des **croisières dans le port**★ et un tour en hors-bord sur les rapides de Lachine *(voir la rubrique* **Excursions et visites organisées** *dans Infos de A à Z)*. Chaque été, le Vieux-Port accueille des festivals de comédies, un cirque *(Cirque du Soleil)* ou des concerts. En hiver, le patinage et des jeux sur tubes gonflables ainsi qu'une crèche vivante sont à l'honneur. Depuis le Vieux-Port, dirigez-vous vers l'Ouest. Vous pouvez retourner rue de la Commune, ou, pour changer, suivre le tracé sinueux de la **rue Saint-Paul**★★ jusqu'à la rue suivante. À cet endroit, elle est bordée d'anciens entrepôts devenus des boutiques, de bons restaurants, des boîtes de nuit, des galeries d'art, des magasins de souvenirs et un **musée de Poupées** (105, rue Saint-Paul Est). Aux beaux jours, la foule envahit cette rue pavée tous les soirs. C'est un lieu idéal pour se délasser, manger légèrement ou faire un bon repas.

La Tour de l'Horloge : un point de vue imprenable sur le Vieux-Montréal.

Le musée d'Archéologie et d'Histoire de Montréal construit sur le site de la fondation de la ville.

Six rues à l'Ouest de la place Jacques-Cartier se trouve la **place Royale** [DZ], à l'emplacement de la première place publique de Montréal qui fut un lieu de réunions et de marché. Au Nord se dresse l'**Ancienne Douane** (150, rue Saint-Paul Ouest) datant de 1838. Ce fut un des premiers bâtiments publics britanniques construits à Montréal, de style néoclassique très semblable aux constructions londoniennes de l'époque.

Au Sud-Ouest de la place, un terrain triangulaire, baptisé **Pointe-à-Callière**, est occupé par la proue lisse du **musée d'Archéologie et d'Histoire**★★. Le surprenant bâtiment moderne de l'Éperon est érigé sur le lieu-même de la fondation de Montréal. Le sous-sol du musée renferme des vestiges témoignant des premières occupations. Une galerie souterraine file le long de l'ancien lit de la rivière Saint-Pierre, traverse la **crypte archéologique** située sous la place Royale et débouche à l'**Ancienne Douane**, où est exposé le passé commercial de la ville. Le musée possède une collection d'objets caractéristiques de l'époque coloniale française et des civilisations amérindiennes ainsi que des maquettes de la place Royale représentant son évolution à travers les siècles, jusqu'à l'installation de la première station de pompage électrique de la ville. Une salle multimédia présente un spectacle intéressant. Au dernier étage de l'immeuble de l'Éperon, un bon **restaurant** *(accessible sans avoir à payer l'entrée du musée)* sert d'excellents repas à des prix raisonnables, dans un cadre baigné de lumière naturelle et offrant une vue fort intéressante sur le quartier du port.

Continuez vers l'Ouest en longeant la **place d'Youville★**, large voie pavée [CDZ], sans prétention, calme et charmante, bordée de bâtiments du 19e s. à structure métallique et murs en moellons. Il s'agit d'anciennes écuries et d'entrepôts transformés en immeubles de bureaux et de logements. En ce lieu coulait autrefois la rivière Saint-Pierre. Au Sud de la place, les **Écuries d'Youville**, entrepôts à grains édifiés au début du 19e s. par les Sœurs Grises, abritent aujourd'hui des bureaux et un restaurant. Dans la rue Saint-Pierre se trouve une partie de l'**Hôpital Général des Sœurs Grises**, datant du 17e s.

Une ancienne caserne de pompiers, installée au milieu de la place d'Youville, sert actuellement de **Centre d'Histoire de Montréal★** [CZ]. Il présente une précieuse collection iconographique et la reproduction d'un logement des années 1940, d'un atelier et même d'un vieux tramway. Le musée propose aussi des visites guidées des quartiers de la ville *(✆ 514 872 3207 pour informations et horaires d'ouverture).*

Au Sud de la place d'Youville [DZ], le **musée Marc-Aurèle Fortin★** (118, rue Saint-Pierre) est dédié au peintre qui créa au 20e s. une école d'art paysager purement québécoise. La place d'Youville débouche dans la rue McGill, un bon itinéraire si vous souhaitez rejoindre le Nord de la ville et grimper jusqu'au centre-ville. En chemin, vous passerez devant quelques très bons restaurants qui ont comme clients les cadres du quartier des affaires et de la finance. *Boris Bistro* (465, rue McGill, au coin de la rue Saint-Paul) ne vous décevra pas avec son canard ou lapin braisé pour environ 20 dollars.

Le **square Victoria** [CZ], à l'angle de la rue Saint-Jacques, marque la limite Ouest du quartier des affaires. L'ensemble architectural du **Centre de Commerce Mondial** intègre une tour moderne de bureaux et les façades de bâtiments du 19e s. qui ont été préservées. Derrière la vitre, la cour intérieure, ornée de bancs et de fontaines, est une plaisante réhabilitation de la ruelle des Fortifications qu'il est agréable de parcourir en toutes saisons.

À l'Ouest du Centre de Commerce Mondial s'élève la **Tour de la Bourse** (800, square Victoria). Vous pouvez visiter la salle des marchés, où les passions se déchaînent cependant moins qu'ailleurs. Après la rue Saint-Antoine, au coin de la rue University, le bâtiment à la façade courbe est le siège social de l'**Organisation de l'Aviation Civile Internationale** (OACI). C'est l'une des nombreuses organisations internationales attirées par la population multilingue de Montréal, les services et le confort de la ville, ainsi que la modicité du coût de la vie. La **gare souterraine des bus de banlieue** dessert les communes de la rive Sud du Saint-Laurent.

Pour continuer la visite, prenez le métro à la station *Square-Victoria* ou poursuivez à pied par la ville souterraine : le square Victoria est l'entrée Sud de la ville souterraine, ce réseau piétonnier de passages, de galeries et de places *(voir p. 58)*.

L'édifice Sun Life imposant en son temps est dépassé par les nouveaux gratte-ciel.

CENTRE-VILLE

Au 19e s., en même temps que Montréal s'enrichissait, le centre se déplaça vers le haut de la colline. De simple port d'entrée dans le pays, elle devint un centre urbain complexe, avec ses activités commerciales, industrielles et ses services. Comme les autres villes nord-américaines, Montréal a des banlieues étendues, mais elle constitue une exception car, dans leur grande majorité, les Montréalais vivent en appartement et ne dépendent pas totalement de la voiture. Par tradition, ils aiment se retrouver en nombre dans des lieux animés. Ainsi, Montréal a-t-elle conservé un centre plein de vie et sûr à toute heure du jour et de la nuit.

L'angle de la rue Peel (métro *Peel*) est idéal pour commencer la visite de la ville moderne. Le boulevard De Maisonneuve, avec ses tours de bureaux des années 1920 et 1930, ressemble à plus petite échelle à une rue de New York, mais les restaurants *McDonald* et *Burger King* côtoient de nombreuses boulangeries où l'on vend croissants, baguettes et sandwichs.

Autour du Square Dorchester★

De style néo-Renaissance, l'édifice **Dominion Square★** (1010, rue Sainte-Catherine), datant de 1929, est l'un des plus beaux bâtiments, avec sa base et ses sections moyenne et supérieure clairement démarquées. La galerie commerciale qu'il abrite était à l'époque un concept révolutionnaire, précurseur du mouvement urbanistique à venir.

En descendant la rue Peel vers le Sud, vous débouchez sur le **square Dorchester★**, anciennement square Dominion [BZ]. Quel que soit son nom (Lord Dorchester fut l'un des premiers Britanniques à proposer la protection des droits des Canadiens français), cette grande place agrémentée d'une pelouse et plantée d'arbres se poursuit de l'autre côté du boulevard René-Lévesque par la place du Canada, tout aussi grande. Au 19e s., à cet emplacement se trouvait un cimetière catholique où furent enterrées les victimes de l'épidémie de choléra de 1832. La statue de Sir Wilfrid Laurier [BZ 4], premier francophone à devenir Premier ministre, fait face à celle de Sir John A. Macdonald [BZ 5], Premier ministre de la Confédération canadienne. D'autres monuments commémorent le poète Robert Burns [BZ 8], les Canadiens tombés pendant la guerre des Boers [BZ 6] et le Jubilé de la reine Victoria représenté par un lion [BZ 7].

Prenez-le bus au départ du Square Dorchester pour visiter la ville.

C'est un point de passage obligé pour les touristes. Des excursions et visites guidées en bus partent du pied de l'édifice Dominion Square, et au rez-de-chaussée se trouve le centre **Infotouriste** auprès duquel vous pouvez vous procurer livres et souvenirs, obtenir des informations touristiques et consulter les services de réservation.

Autour du square Dorchester et de la place du Canada se succèdent d'importants bâtiments. À l'Ouest, au 1155, rue Metcalfe, se dresse l'**édifice Sun Life★★**, le plus grand de l'Empire britannique lors de son inauguration en 1918. De style néoclassique, massif et doté d'imposantes colonnades, il conserva dans ses coffres la réserve d'or de l'Europe pendant la Seconde guerre mondiale.

De l'autre côté du parc, dans la rue Peel, une partie de l'ancien **Hôtel Windsor★** a été

Sir John A. Macdonald domine le Square Dorchester.

transformée en un superbe immeuble de bureaux. Remarquez le toit à la Mansart. L'intérieur, magnifiquement décoré, n'est malheureusement pas accessible aux visiteurs.

La **Basilique-Cathédrale Marie-Reine-du-Monde★★** sur le boulevard René-Lévesque, à l'Ouest du square Dorchester, fut construite sur le modèle de Saint-Pierre de Rome, dont elle partage la grandeur malgré ses dimensions plus modestes. Elle renferme une réplique du fameux baldaquin du Bernin. Les statues des saints patrons des paroisses de Montréal ornent sa façade.

À l'Est et à l'Ouest sur le boulevard René-Lévesque se dressent quelques-unes des plus récentes et des plus hautes tours de bureaux de Montréal. La **Laurentienne** [BZ] est « entaillée » en diagonale au coin de la rue Peel, un geste architectural qui rappelle la ligne des toitures des maisons de Montréal. En face, s'élève la tour de métal de la **Banque Impériale Canadienne de**

La Basilique-Cathédrale Marie-Reine-du-Monde fait de la résistance.

Commerce, avec ses étranges panneaux d'ardoise. La **tour Marathon IBM** ou **1250 René-Lévesque**, à l'angle de la rue Drummond, est recouverte de granite gris, les surfaces planes étant interrompues par divers détails architectoniques, pans de murs en forme de proues et de grilles. Sur ces tours, ce qui ressemble à du verre teinté est en réalité de l'aluminium poli recouvrant les matériaux isolants, une technique de construction très adaptée au climat.

Autour de la rue de la Gauchetière

Descendez la rue Peel quand elle dévale l'escarpement qui parcourt l'île d'un bout à l'autre. Au coin de la rue de la Gauchetière [BZ], telle une chapelle en pleine campagne anglaise, l'**Église anglicane Saint-George**★, enserrée dans son écrin de verdure et derrière sa grille en fer forgé, présente une belle architecture néogothique et un intérieur en bois délicatement sculpté.

L'Église anglicane St.-Georges et IBM Marathon Building : tradition et modernité.

L'Atrium ou le paradis des patineurs au 1000 de La Gauchetière.

La gare Windsor autrefois point de départ de la grande aventure.

En face, la **Gare Windsor**★, de style néoroman « richardsonien », fut inaugurée en 1889. Massive et fourmillant de superbes détails, elle fut autrefois le point de départ des trains transcontinentaux du *Canadien Pacifique.* Aujourd'hui, le calme y règne une bonne partie de la journée et l'espace intérieur grandiose vaut le coup d'œil.

Juste à côté de la gare, en complet contraste, le **centre Molson** est un bâtiment fonctionnel avec ses murs de briques rouges, revêtus de métal et d'aluminium. Il abrite une immense salle polyvalente et des installations destinées à accueillir de grands spectacles, des concerts et des matchs de hockey. C'est la salle des *Canadiens,* la légendaire équipe de hockey de Montréal.

Retournez sur vos pas vers l'Est et passez sous la passerelle piétonne. Le **1000 de La Gauchetière** est l'un des plus hauts édifices de la ville. Entrez pour voir l'**Atrium** et chaussez des patins si le cœur vous en dit car cette patinoire, couronnée d'un dôme vitré, fonctionne toute l'année.

À l'Est dans La Gauchetière, côté Sud au coin de la rue Mansfield, la **place Bonaventure** offre sa silhouette massive de béton, un grand complexe accueillant expositions et congrès, hébergeant aussi des galeries marchandes et l'hôtel *Hilton.* Tournez à droite devant la place Bonaventure et descendez la colline pour rejoindre le square Victoria et le quartier financier ; vous pourrez ainsi retourner dans le Vieux-Montréal.

Si vous souhaitez poursuivre l'exploration du centre-ville, remontez vers le Nord, en traversant La Gauchetière, en face de la place Bonaventure, vous verrez une sorte d'entrée de garage peu engageante portant l'indication **Gare Centrale** [BZ]. Entrez malgré tout, longez le couloir intérieur et passez les portes vitrées. Vous êtes dans le hall central (106 m de long, 10 m de haut, inauguré en 1943), décoré de bas-reliefs de style Art déco, à la gloire de l'industrie, de l'agriculture et des activités récréatives à travers le Canada. Chaque détail est un hommage au rôle des chemins de fer canadiens dans l'unification du

pays. L'hymne national, inscrit dans un blason, est reproduit dans les deux langues officielles.

Le hall, les boutiques et les galeries avoisinantes sont les plus fréquentées de la **ville souterraine** de Montréal *(voir ci-après)*. Au Nord du hall principal, flânez dans les allées animées, entre les boulangeries, les vendeurs de saucisses, les brasseries à la mode allemande et les restaurants. Les clients attablés « dehors » comme à la terrasse de cafés ne craignent pas les intempéries. C'est un endroit idéal pour reprendre des forces. À partir d'ici, la plupart des lieux cités sont accessibles aussi bien par la ville souterraine que par les rues en surface.

Au Nord de la Gare Centrale se dresse l'hôtel **Queen Elizabeth**, sur le boulevard René-Lévesque.

Travailleurs et promeneurs se mêlent sur la place Ville-Marie.

Sa façade grise, austère et triste cache l'intérieur cossu et confortable d'un hôtel de bonne classe qui, après 40 ans de service, est toujours l'un des plus grands de la ville avec plus de 1000 chambres. L'ascenseur extérieur, qui dessert les chambres, offre des vues sur la ville. En 1969, John Lennon et Yoko Ono écrivirent *Give Peace a Chance* alors qu'ils filaient le parfait amour dans l'une de ces chambres. C'est aussi le lieux de rencontre du Beaver Club (club des castors) de Montréal, club huppé d'hommes d'affaires anglophones.

Sur le côté Nord du boulevard René-Lévesque [BZ], la **place Ville-Marie**★★ et ses tours de bureaux cruciformes firent de Montréal une ville à l'avant-garde de l'architecture et de l'urbanisme au début des années soixante. Séculières dans leur fonction, les tours rappellent la croix du mont Royal et le blason de la ville. La tour de la **Banque Royale**★, conçue par I.M. Pei, domine le complexe. La place Ville-Marie inaugura le concept des galeries marchandes souterraines reliées à des centres voisins comme celui de la Gare Centrale. En surface, ce fut le premier complexe de bureaux où l'on a effacé la frontière entre emprises publiques et privées, invitant les passants à traverser les espaces publics aussi librement que les espaces privés et multipliant les accès à ces derniers.

*Une ruche ?
Non, la tour de la Banque Royale.*

À l'Est, sur le boulevard René-Lévesque, au coin de la rue Saint-Alexandre, s'élève la **basilique Saint-Patrick**, une église de style néogothique consacrée en 1847, construite en retrait par rapport à la rue et entourée d'un beau jardin. Les boiseries de chêne sculpté et les colonnes de pin sont remarquables. Évidemment, Saint-Patrick est l'église de la communauté irlandaise.

Quartier des magasins

Retournez vers le Nord jusqu'à la rue Sainte-Catherine en longeant les rues Metcalfe ou University. Rien ne vous empêche d'y aller par la ville souterraine. La **rue Sainte-Catherine** est le quartier piétonnier le plus animé du Canada [BZ]. Bien sûr, le trafic automobile existe, que les piétons, slalomant entre les voitures, traitent avec le plus

La Baie, *le grand magasin.*

grand mépris. C'est donc un perpétuel rodéo entre piétons et véhicules qui pilent et lancent des grands coups de klaxon. Les conducteurs ont l'habitude et les accidents sont très rares, mais les touristes sont priés de faire attention et de ne pas imiter les Montréalais au pied léger.

Jetez un œil aux grands magasins : *Ogilvy, Simons, La Baie.* Moins visibles sont les galeries marchandes intégrées dans des bâtiments et réparties sur

Rue Sainte-Catherine, sur les gratte-ciel américains souffle un air de la vieille France.

plusieurs niveaux en étage et au sous-sol. Le **Centre Eaton**, au coin de l'avenue McGill College, organisé autour d'un atrium, abrite des boutiques de marques européennes, américaines et locales. À la nuit tombée, les rues piétonnes changent d'allure, les bars, les clubs et les boîtes de nuit prennent la relève.

De l'autre côté de l'avenue McGill College, **place Montréal Trust★★** est le dernier et le plus massif des gratte-ciel de Montréal : habillés de marbre rose, d'aluminium et de verre bleuté, les volumes qui le composent s'organisent à la manière d'un gigantesque jeu de *Lego*. Les étages inférieurs abritent une profusion de boutiques, de

Le long de McGill College Avenue.

restaurants, de sandwicheries, l'atrium est agrémenté de la plus grande fontaine intérieure au monde.

En face de *La Baie*, à l'angle de Sainte-Catherine et de l'avenue Union, le **square Phillips** est le seul espace vert du quartier, où se pressent les marchands

La place Montréal Trust bordée de boutiques.

ambulants pendant la belle saison. À l'ouest, vous pourrez rêver devant les vitrines de **Birks**, un grand joaillier aussi réputé que ceux de la place Vendôme à Paris.

Quartier des fourreurs

Autour du boulevard De Maisonneuve et de la rue de Bleury se trouve le quartier des fourreurs [BY], dont l'activité toujours vivante fut à l'origine de Montréal. Neuf manteaux de fourrure sur dix fabriqués au Canada sortent des ateliers occupant ces quelques bâtiments commerciaux. Vous pouvez y faire vos emplettes et des visites guidées d'ateliers vous expliquent le choix et le traitement des peaux ainsi que la fabrication des vêtements.

À l'Est vers la place des Arts *(voir p. 60)*, la rue Sainte-Catherine est sans intérêt, mis à part l'**église Saint-James-United**. Avec sa façade de style néogothique flamboyant, c'est la plus grande église protestante de la ville. Elle a traversé une période difficile lorsque ses fidèles ont déménagé vers le centre. Des bâtiments commerciaux furent donc construits sur l'emprise du jardin, cachant la façade de l'église aux yeux des passants, mais procurant les revenus nécessaires à l'entretien de l'édifice religieux. Les décors inhabituels des nouveaux bâtiments, des ateliers et des boutiques en étages ne manquent pas d'intérêt et méritent le détour.

Plus conventionnelle, la **Cathédrale Christ Church**★de style néogothique [BZ], datant de 1859, se dresse au coin de la rue University. Sa flèche de métal

La cathédrale Christ Church cache bien son jeu.

léger remplace la pierre d'origine qui était trop lourde pour l'édifice. On a résolu les problèmes de stabilité de l'édifice, autant structurelle que financière, en le faisant reposer sur des piliers et en aménageant en sous-sol un centre commercial, Les **Promenades de la Cathédrale**. De la rue, rien ne révèle sa présence, hormis les kiosques des entrées encadrant l'église. Adossé à la cathédrale, sur l'emprise de son terrain, l'immeuble de bureau **place de la Cathédrale★** reflète l'image de la cathédrale à la fois dans ses murs miroirs et par le style de son toit effilé et de son vaste hall d'entrée.

Revenez sur vos pas dans la rue Sainte-Catherine. Les **Cours Mont-Royal** [ABZ] de la rue Peel vous invitent à déambuler dans les galeries calmes et luxueuses de boutiques de mode et d'ameublement et aux abords du grand cinéma de style égyptien. Dans l'atrium, les *tingmiluks*, sculptures inuits d'hommes oiseaux, peuplent le dôme.

Les rues perpendiculaires orientées au Nord possèdent chacune son caractère. La rue de la Montagne recèle quelques bons petits hôtels. Les rues Crescent et Bishop sont bordées de maisons à trois niveaux en pierre grise, typiques de Montréal. Elles ont été rénovées, surélevées et transformées en bars, clubs et bons restaurants, mais conservent malgré tout leur âme. Les rues descendant vers le Sud sont plus hétéroclites ; on y trouve des boîtes de nuit et des restaurants, un ou deux clubs privés et des hôtels particuliers, une allée arrondie desservant chaque perron.

Le quartier McGill

À partir de Sainte-Catherine, reprenez la grande avenue McGill College. Arrêtez-vous 1981 et admirez les personnages de bande dessinée en plastique moulé de *La foule illuminée* (« The illuminated Crowd »), œuvre de Raymond Mason

[AZ 12]. Les tours de la **Banque Nationale de Paris★**, que les Montréalais ont surnommé « l'édifice bleu », abritent une rangée d'anciennes demeures en pierre grise qui étaient vouées à la démolition.

La rue McGill College conduit au portail de la prestigieuse **McGill University★** [AY], au pied de l'omniprésente « Montagne ». Au 19e s., le négociant de fourrures James McGill fit un legs destiné à la fondation d'une université. Franchissez le magnifique portail et admirez les bâtiments bordant la pelouse centrale. Les campus bâtis au cœur des ville sont rares. Remarquez à l'extrémité de l'allée centrale le Hall Moyse, un bâtiment de style Victorien. Le **musée d'Histoire naturelle Redpath**, à gauche, possède une collection de fossiles et de minéraux d'une étonnante richesse *(ouv. lun.-ven. 9 h-17 h et dim 13 h-17 h.; ferm. ven. pendant l'été)*.

D'autres bâtiments appartenant à l'université sont situés sur la rue Sherbrooke : le **Hall Pollock**

The Illuminated Crowd *monte la garde devant la tour BNP.*

(555, rue Sherbrooke Ouest), salle de concerts, et le **musée McCord d'Histoire Canadienne**★★ (690, rue Sherbrooke Ouest), recelant des trésors d'objets, de costumes et de tissus des peuples du Canada, y compris des Indiens et des Inuits [ABY]. Cette importante collection comporte plus de 100 000 objets, dont beaucoup ont été légués par David Ross McCord en 1919. La collection est malheureusement logée trop à l'étroit et seule une partie est exposée. Les **Archives Notman** sont une collection extraordinaire de quelque 70 000 plaques et gravures.

Mille Carré Doré

La portion de la **rue Sherbrooke Ouest**★ à l'Ouest de l'Université McGill fut le quartier des grandes fortunes et de l'élite anglophone. C'est la principale artère du traditionnel Mille Carré Doré, où les négociants en fourrures et les barons du rail bâtirent leur demeure. Quelques-unes de ces élégantes résidences sont devenues des banques, des sièges sociaux, des fondations, des œuvres de bienfaisance et des missions étrangères.

La **maison Alcan**★ (1188 Sherbrooke Ouest) fut jadis un hôtel particulier aux lignes pures [AZ], dont la cour intérieure est recouverte d'aluminium, le métal produit par la société *Alcan.*

L'**église Saint Andrew et Saint Paul**, à l'angle de la rue Bishop, était la paroisse des Écossais, parmi lesquels les barons de l'industrie McGill, McTavish et McKay furent les plus célèbres. L'intérieur, très austère, est éclairé par un immense vitrail au-dessus du maître hôtel.

Les grandes fortunes d'aujourd'hui – bilingues et d'origines plus diverses – se retrouvent au grand magasin **Holt Renfrew**, à l'angle de la rue de la Montagne, et dans le très élégant hôtel **Ritz-Carlton**★, au coin de Drummond, aux façades

Les élégantes demeures de la rue Sherbrook West sont l'héritage d'un riche passé.

sculptées de style néo-Renaissance et à la décoration intérieure raffinée. Le gratin de la politique fréquente le restaurant de ce luxueux établissement, pour y déjeuner ou petit déjeuner, dans les salons ou, à la belle saison, dans les superbes jardins. Pourquoi ne pas vous offrir ce luxe ? C'est élégant, chic et amusant.

Musée des Beaux-Arts de Montréal★★

Non loin de l'église Saint Andrew et Saint Paul, à l'angle de la rue du Musée et sur les deux côtés de Sherbrooke, se trouve le **musée des Beaux-Arts de Montréal★★**. Le pavillon Desmarais, construction moderne élevée sur le côté Sud de la rue par Moshe Safdie, intègre la façade d'un immeuble d'appartements plus ancien. Cette partie abrite la collection d'art moderne européen et international et des expositions temporaires.

En face, de l'autre côté de Sherbrooke, le pavillon Bennaiah Gibb, de style classique, accueille la collection permanente. Vous pourrez y admirer des œuvres des grands maîtres de l'art canadien, entre autres Cornélius Krieghoff et Jean-Paul Riopelle du Groupe des Sept, et des artistes comme Paul-Émile Borduas et James Wilson Morrice. Admirables aussi, les très belles collections d'art inuit et indien. Les deux pavillons sont reliés par une galerie souterraine où sont exposées des collections d'objets liés aux cultures anciennes.

Faites un crochet par la **rue Crescent★** [AZ], bordée de charmants bâtiments victoriens abritant des galeries d'art, des boutiques de mode et des restaurants, dont les terrasses débordent sur le trottoir pendant l'été. Vous êtes au cœur d'un quartier de clubs et de bars, animé jusqu'aux petites heures du jour.

Au n° 2200, une annexe du musée des Beaux Arts, due à Frank Gehry, abrite le **musée des Arts Décoratifs de Montréal★** consacré aux textiles, aux arts graphiques et au design du 20e s. Dans ce quartier, de nombreux galeristes sont spécialisés dans les arts contemporains inuit, canadien, européen et américain.

La rue Crescent, colorée et vivante.

À l'Ouest, après la rue Guy, commence le quartier résidentiel, mais seulement sur le côté Sud. En face, le grand mur de pierre cache les vénérables bâtiments du **Grand Séminaire de Montréal** de l'ordre des Sulpiciens. Deux tours coiffées d'un toit en poivrière, de style français, sont les vestiges des premières fortifications et comptent parmi les constructions les plus anciennes de la ville. La **chapelle★** vous fera forte impression.

Autres musées

Au sud du quartier des musées et des galeries d'art, sur le boulevard De Maisonneuve, se trouvent les bâtiments de l'**université Concordia** [AZ]. La bibliothèque, dans la rue Bishop, est construite derrière la façade d'un ancien immeuble d'appartements, de style Beaux-Arts, richement décoré.

L'**Ellen Art Gallery** (1400 bd De Maisonneuve Ouest) consacrée à l'art canadien, dépend de l'université *(fermé le dimanche)*.

Le **Centre canadien d'architecture★** (1920, rue Baile) est un ensemble aux lignes simples qui intègre la maison Shaughnessy, ancien manoir de style Second Empire soigneusement restauré. Fondé par l'architecte philanthrope Phyllis Lambert, il invite le visiteur à découvrir l'architecture dans ses expressions artistiques et industrielles. Il comporte une bibliothèque et un centre de recherche en architecture. Les expositions temporaires sont très intéressantes et plus didactiques que la collection permanente.

De l'autre côté du boulevard René-Lévesque, le **jardin architectural** installé sur un terrain encerclé par des bretelles d'autoroutes, rend hommage aux constructions passées, présentes, perdues ou restaurées *(fermé le lundi toute l'année et le mardi d'octobre à mai)*.

La ville souterraine★★★

Sous la Montréal de surface se cache une autre ville, celle souterraine qui relie les centres commerciaux, galeries marchandes et passages ultramodernes aux stations de métro, hôtels et services publics. Rien ne vous empêche de vous réveiller dans votre chambre d'hôtel, descendre prendre votre petit déjeuner, vaquer à vos occupations, faire quelques courses, aller au cinéma et dîner au restaurant sans jamais mettre le nez dehors. Peu importe qu'il fasse -30°C ou +30°C, que les rues soient ensoleillées ou verglacées.

Comme toute ville, la ville souterraine a ses quartiers chics et ses quartiers populaires, certains calmes et d'autres survoltés. Tous ne sont pas reliés, mais le réseau progresse chaque année. Elle est en constante rénovation et ses aménagements déclenchent régulièrement des controverses. Certains lui reprochaient par exemple d'être totalement coupée de la lumière du jour – un comble ! – au point de faire perdre la notion du monde à ses usagers, les transformant en taupes. Des puits de lumière furent rajoutés place Ville-Marie. Alors des critiques s'élevèrent, regrettant que les lignes pures de l'esplanade aient été gâchées. Impossible donc de faire l'unanimité. La ville souterraine est malgré tout la grande gagnante, car elle attire chaque jour 250 000 passants.

La **place Ville-Marie** est le secteur le plus ancien de la ville souterraine – une audacieuse expérience des années 1960. C'est encore la place Ville-Marie qui a récemment innové en bouleversant totalement son espace intérieur afin d'ouvrir des accès supplémentaires sur les galeries marchandes. Le réseau se poursuit au Sud sous l'hôtel **Queen Elizabeth** jusqu'à la zone commerciale la plus vivante de la **Gare Centrale**, en perpétuelle ébullition. Plus loin, on rejoint la station de métro et la salle d'exposition de la **place Bonaventure**, puis la **Gare Windsor** qui dessert la banlieue. Un passage descend la Côte du Beaver Hall depuis le boulevard René-Lévesque jusqu'à la gare des bus de la banlieue, la **Tour de la Bourse** et le **Centre de Commerce Mondial**.

Au Nord de la place Ville-Marie, des passages remontent vers la rue Sherbrooke et serpentent à l'Est et à l'Ouest, jusqu'aux galeries élégantes et calmes du **Cours Mont-Royal** sous la rue Peel, surmontées d'immeubles résidentiels de luxe, puis passent par la **Place Montréal Trust**, qui occupe plusieurs niveaux en sous-sol et au-dessus du rez-de-chaussée, le **Centre Eaton** sur l'avenue McGill College, les allées commerçantes des **Promenades de la Cathédrale**, et enfin le grand magasin **La Baie**. À partir de la place de la Cathédrale, un passage remonte jusqu'au musée McCord sur la rue Sherbrooke.

D'autres secteurs souterrains s'étendent à l'Est et à l'Ouest. **La place des Arts** est reliée, par un passage sous la rue Sainte-Catherine, aux différents niveaux de galeries marchandes et d'espaces de loisirs et de spectacles du **Complexe Desjardins**, lui-même relié aux boutiques et bureaux du **Complexe Guy-Favreau** de l'autre côté du boulevard René-Lévesque, et enfin au **Palais des Congrès** qui enjambe l'autoroute Ville-Marie.

Moins ambitieux, mais toujours très pratiques si vous êtes à pied, les passages autour de la **gare routière** du Quartier Latin ; et les complexes commerciaux et résidentiels de la **place Alexis-Nihon** et du **Westmount Square** à la limite Ouest du centre-ville.

Centre Eaton.

CENTRE-VILLE EST

Contrairement à l'ancien centre-ville qui s'était développé à un rythme mesuré, la partie Est de Montréal comprend plusieurs gigantesques développements urbains réalisés dans les années 1960 et 1970, à l'époque où l'urbanisme triomphant faisait table rase du passé. Le béton a envahi les espaces publics et privés, mais Montréal, caractère latin oblige, a su aménager des espaces conviviaux et sympathiques et met un point d'honneur à s'épanouir en toutes saisons.

Place des Arts★★

La **place des Arts★**, à l'angle des rues Sainte-Catherine et Jeanne-Mance [BY], principal centre culturel de la ville, a été construite à l'emplacement de plusieurs pâtés de maisons de l'ancienne ville. Les trois bâtiments qui la composent, dédiés aux arts, sont disposés autour d'une grande esplanade animée, et réunis en sous-sol par un grand hall où se succèdent boutiques et restaurants.

Au nord du complexe, la **Salle Wilfrid-Pelletier** abrite le grand auditorium où se produisent l'Orchestre Symphonique de Montréal et musiciens et chanteurs de renommée internationale. L'édifice des théâtres comprend plusieurs salles de tailles différentes, du grand **Théâtre Maisonneuve** au très intime **Café-Théâtre de la Place.**

S'étendant le long de la rue Jeanne-Mance à l'Ouest de la place des Arts, le **musée d'Art Contemporain de Montréal★★** présente son imposante façade à colonnade sur l'esplanade centrale. Près de 6 000 œuvres, les plus anciennes datant de 1939, sont exposées dans des salles vastes et claires. L'art canadien est en vedette, avec des artistes québécois comme Paul-Émile Borduas,

Place des Arts (au fond, la salle Wilfrid-Pelletier) : bien inspirés ceux qui viendront s'y reposer !

Jean-Paul Riopelle, David Moore et Alfred Pellan. Des artistes internationaux sont présents dans la collection permanente comme dans les expositions temporaires.

Quand la place des Arts devient scène internationale lors des festivals et rassemble les foules, suivez-le mouvement.

Ce que vous verrez de la place des Arts dépend de l'heure et du jour de votre visite. L'esplanade et les espaces verts adjacents peuvent être envahis par des foules pressées ou déserts et calmes comme un dimanche matin. Il se peut aussi que le moindre recoin soit occupé par des estrades et des scènes montées à l'occasion d'un des nombreux événements dont la ville est férue : le **Festival du jazz**, le **Festival des Nuits d'Afrique**, les **Francofolies** ou le **Festival Montréal en Lumières**, en plein hiver. La circulation est alors déviée et les piétons prennent possession des rues.

Les principaux complexes

Au Sud de la place des Arts, de l'autre côté de la rue Sainte-Catherine, se trouve le **Complexe Desjardins**★ [BCY], une mini-ville qui possède non seulement des boutiques et des cinémas, mais aussi les bureaux du gouvernement provincial

(indirectement propriétaire du site) et l'hôtel *Wyndham.* La place centrale est assez spacieuse pour recevoir des concerts et des spectacles organisés en solo ou en liaison avec les nombreux festivals de la ville.

Plus au Sud, de l'autre côté du boulevard René-Lévesque, relié par un passage souterrain, le **Complexe Guy-Favreau** est un ensemble de bâtiments de briques rouges communiquant entre eux [CY], occupés par les bureaux du gouvernement fédéral, des magasins et des appartements. Des deux complexes rivaux, Guy-Favreau et Desjardins, c'est le second qui l'emporte en terme d'intérêt culturel et architectural, mais Guy-Favreau possède un joli **jardin** intérieur où il fait bon s'asseoir. Le centre commercial offre un accès abrité vers le Sud.

On retrouve l'urbanisme moderne dans le **Palais des Congrès** qui enjambe l'autoroute Ville-Marie, l'une de ses façades donnant sur l'esplanade face à la rue de la Gauchetière. Avec sa capacité actuelle de 10 000 personnes, qui doit être augmentée dans les années à venir, le Palais des Congrès peut accueillir symposiums et salons dans une douzaine d'espaces modulables.

Quartier chinois★

À l'Est de l'esplanade du Palais des Congrès, la Gauchetière est un axe commerçant piéton qui constitue l'artère principale du **quartier chinois★** [CY]. Passez le portique traditionnel du quartier (sur le boulevard Saint-Laurent) : serrés les uns contre les autres, épiceries, herboristeries et bazars vendent à petits prix des chaussures, des soieries, des céramiques et des produits exotiques. Les restaurants sont particulièrement bon marché, surtout à midi (encore plus sur Clark que sur la Gauchetière). Malgré les lois en vigueur, l'affichage est résolument trilingue (chinois, français, anglais).

Parmi les édifices remarquables de la ville chinoise, vous vous intéresserez plus particulièrement à la première blanchisserie chinoise, à l'angle des rues Saint-Antoine et Jeanne-Mance. Quant à la mission catholique (205, rue de la Gauchetière), elle est décorée d'un chemin de croix de style oriental, inhabituel.

À l'Est de la place des Arts, sur la rue Sainte-Catherine, on entre dans le quartier chaud de Montréal, avec ses sex-shops et ses prostituées. C'est aussi le quartier où des gamins vous infligent le lavage de votre pare-brise. La gare routière *(Terminal Voyageur)* se trouve juste à l'angle de la rue Berri et du boulevard De Maisonneuve.

Quartier Latin★★

Traditionnellement, le boulevard Saint-Laurent marque la frontière entre le Montréal « français » et le Montréal « anglais », bien que la ville soit officiellement entièrement francophone, elle l'est en réalité à des degrés divers. L'âme de Montréal se trouve incontestablement à l'Est, dans la **rue**

Le quartier chinois ou celui des bonnes affaires !

Saint-Denis★. Ce quartier est le centre de la culture d'expression française du Canada. Il a vu naître et s'épanouir l'Université de Montréal, la Bibliothèque nationale de Québec et le théâtre francophone. Il a pris le nom de **quartier Latin★★** au début du 20e s., lorsque plusieurs institutions d'enseignement s'y installèrent. Ces institutions ont changé, mais la vocation du quartier est restée. Des deux côtés de cette artère étroite et bourdonnante, au Nord de Sainte-Catherine et dans les rues et les allées adjacentes, se succèdent cafés, restaurants, terrasses, librairies, boutiques, cinémas et théâtres.

L'**Université de Québec à Montréal** (UQAM) occupe des locaux du côté Est de la rue Saint-Denis en dessous de Sainte-Catherine. Certains sont intégrés derrière les façades préservées d'anciens bâtiments du Vieux-Montréal, dont celle de l'église Saint-Jacques qui s'enorgueillit d'avoir la plus

La rumeur des conversations et les notes de musique échappées des cafés, accompagnent les passants de la rue Saint-Denis.

haute flèche de Montréal (98 m). Le **Théâtre Saint-Denis** [T], juste au-dessus du boulevard De Maisonneuve, est l'une des salles de spectacle les plus vastes où se sont produits de grands artistes comme l'imitateur André Philippe Gagnon ou la chanteuse Céline Dion, avant qu'elle ne devienne une « super-star ».

Au n° 1700, la **Bibliothèque nationale de Québec**, installée dans un bâtiment de style Beaux-Arts, dotée d'un mobilier ancien, rassemble tous les ouvrages publiés au Québec. Le bâtiment trouvera d'autres fonctions lorsque la bibliothèque aura été relogée dans des locaux plus vastes en face de la gare routière.

La **Cinémathèque québécoise** (335, boulevard De Maisonneuve Est) [A] conserve les films classiques et art et essai *(projections presque tous les soirs sauf le lundi).* Son homologue, l'**Office national du film** est installé à l'angle Saint-Denis et De Maisonneuve [N], dans des locaux modernes qui s'élèvent au-dessus de la façade d'une maison de ville traditionnelle. Il possède une bibliothèque très complète de films enregistrés sur disques vidéos qu'enfants et adultes visionnent à volonté sur des consoles individuelles. Les deux institutions coopèrent souvent à l'organisation de festivals de cinéma.

Ces dernières années, la bohème et l'avant-garde ont migré plus au Nord, au-delà de Sherbrooke, vers les rues Duluth et Rachel, sur le plateau Mont-Royal *(voir p. 71)*. C'est là que se trouvent désormais les boutiques des jeunes designers québécois mais aussi des marques plus connues.

Joignez-vous à la foule des touristes et des Montréalais et arpentez la rue Saint-Denis dans les deux sens ou faites une pose en prenant un apéritif ou un café. *Le Saint-Malo*, au n° 1605, est un restaurant pas cher établi depuis longtemps et apprécié des étudiants, *Le Commensal*, au n° 2115, fait partie d'une chaîne de restaurants végétariens à succès. Plus au Nord, sur la rue Duluth à l'Est de la rue Saint-Denis, il y a quantité d'autres bons restaurants pas chers, dans la plupart desquels on apporte son vin. Parmi eux, *Lombardy* (415, Rachel Est) qui sert une cuisine d'Italie du Nord et *Mi Tierra* (900, Duluth Est), une perle pour les amateurs de vraie cuisine mexicaine. Dans tous ces restaurants, vous pouvez manger pour moins de 20 dollars.

Carré Saint-Louis★

Sur la rue Saint-Denis, côté Ouest, à une rue au Nord de la rue Sherbrooke s'ouvre la plus jolie des places de Montréal. Le **Carré Saint-Louis★** est bordé de résidences en pierre grise du 19e et du début du 20e s., agrémentées d'un jardinet en façade.

Vers l'Ouest, la rue piétonne **Prince-Arthur** est bordée de restaurants italiens, polonais, vietnamiens et grecs, ainsi que d'épiceries où s'approvisionne la population locale composée d'immigrants portugais. Les commerces serrent les prix pour leur clientèle d'étudiants et de gens peu fortunés. Quand il fait beau et que des tables sont installées dehors, la rue Prince-Arthur est idéale pour observer les Montréalais les plus excentriques et les artistes de rue qui se produisent au premier rayon de soleil. Beaucoup de restaurants de la rue Prince-Arthur n'ont pas la licence requise pour servir des boissons alcoolisées, alors vous êtes invités à apporter votre vin. Prenez une bouteille chez l'épicier et installez-vous pour déjeuner. En matière de

restaurants, vous avez l'embarras du choix. Mais si vous hésitez, *La Cabane grecque* sert un déjeuner pantagruélique pour un prix dérisoire.

Boulevard Saint-Laurent (la Main)

Poursuivez à l'Ouest jusqu'au **boulevard Saint-Laurent** où se sont succédées les vagues d'immigrants. Ce boulevard coloré et vivant reste une des principales artères de Montréal. C'est le point de départ des rues Est et Ouest. La vénérable boulangerie *Levine's Bakery* sur la « Main » est aujourd'hui tenue par des Portuguais, tandis que l'incontournable fabrique de *bagels St Viateur,* à quelques rues au Nord, est la propriété d'un Italien. Chaque communauté a son point de ralliement : de *Schwartz's Deli* (n° 3895) avec ses incomparables sandwiches au pain de seigle et à la viande fumée, à la *Librería Española,* épicerie fine où l'on trouvera aussi des journaux de toute l'Amérique latine.

Les maisons de caractère ont pignon sur rue dans le carré Saint-Louis.

Le quartier situé à l'Ouest du boulevard Saint-Laurent, composé de vieilles bâtisses et de quelques tours, est le **Ghetto McGill**. Au Nord s'étendent les quartiers du **Mile End** et du **Plateau Mont-Royal★**.

Au Sud de Sherbrooke, au 2111 Saint-Laurent, le **musée Juste pour Rire** est unique en son genre et quelque peu déroutant dans sa tentative de décortiquer l'humour *(© 845 4000 pour vérifier les horaires d'ouverture).*

Les prix de l'immobilier relativement bas, la proximité du centre-ville et des universités et la diversité des milieux : tout concourt à une atmosphère bohème sur la Main. À côté des sociétés créées par les immigrés, des cafés, des bars branchés et des petites salles de cinéma ont vu le jour. La plus grande de ces entreprises branchées, **Ex-Centris**, est un complexe de cinéma qui occupe la presque totalité d'un pâté de maisons sur le côté Ouest de Saint-Laurent au Sud de Prince-Arthur.

Construit à l'intérieur, autour et au-dessus des bâtiments existants, il comporte plusieurs salles de projection consacrées aux films art et essai *(sous-titrés en français)* ainsi qu'un bar branché tout en haut. Même si vous n'avez pas envie d'aller au cinéma, approchez-vous de la caisse : la caissière est sur écran. Et ce n'est pas du cinéma !

AUTRES LIEUX DU CENTRE-VILLE

Le Village

Du temps où les boutiques du centre-ville étaient jugées trop « anglaises », on faisait ses courses à l'Est de la rue Saint-Denis, sur la rue Sainte-Catherine, dans un ensemble de bâtiments commerciaux qui constituait le centre-ville français. Quand les barrières entre les communautés sont tombées, ce centre a perdu sa raison d'être.

Festival de rue sur le plateau Mont-Royal.

Au-delà de la rue Saint-Hubert, les bars et les cafés animés jalonnent l'artère centrale du **Village** (autrement dit le « Village gay », près de la station de métro *Beaudry*). Les rues particulièrement étroites dans cette partie de la ville sont proportionnelles à la taille des bâtiments.

De nombreuses petites maisons pimpantes ont été soigneusement restaurées par des membres de la communauté gay. Les propriétaires ajoutent souvent une touche personnelle, par exemple des jardinières ou des mini-jardins grignotant le trottoir.

À l'angle des rues René-Lévesque et Visitation [R], l'**église Saint-Pierre Apôtre**, édifice de style néogothique datant de 1851, comporte la seule chapelle connue dédiée aux victimes du SIDA.

L'**Écomusée du Fier Monde** (2050 Amherst), installé dans d'anciens bains publics [M^2], commémore l'industrialisation de Montréal puis sa désindustrialisation et la vie dans les quartiers ouvriers comme celui-ci. Des visites guidées du quartier sont organisées le dimanche en été *(© 528 8444 pour tous renseignements).*

Marché Atwater

De tous les marchés publics de la ville, l'un des plus accessibles et des plus attrayants, même s'il n'est pas le plus grand, est le marché Atwater, au coin de l'avenue Atwater et du Canal Lachine (métro *Lionel Groulx*). La belle allure Art déco de la tour vaut à elle seule le détour. Visitez les étals et les boutiques à la recherche de fruits, d'épices, de saucisses de cerf ou de bison, de pain et de fromage ou prenez un chocolat ou un café au premier étage. S'il fait beau, pourquoi ne pas acheter de quoi faire un pique-nique sur le canal ? Ou encore traverser la passerelle pour prendre un verre chez *Magnan*, célèbre taverne fréquentée par les ouvriers et très prisée pour ses homards (venez tôt si vous désirez déjeuner).

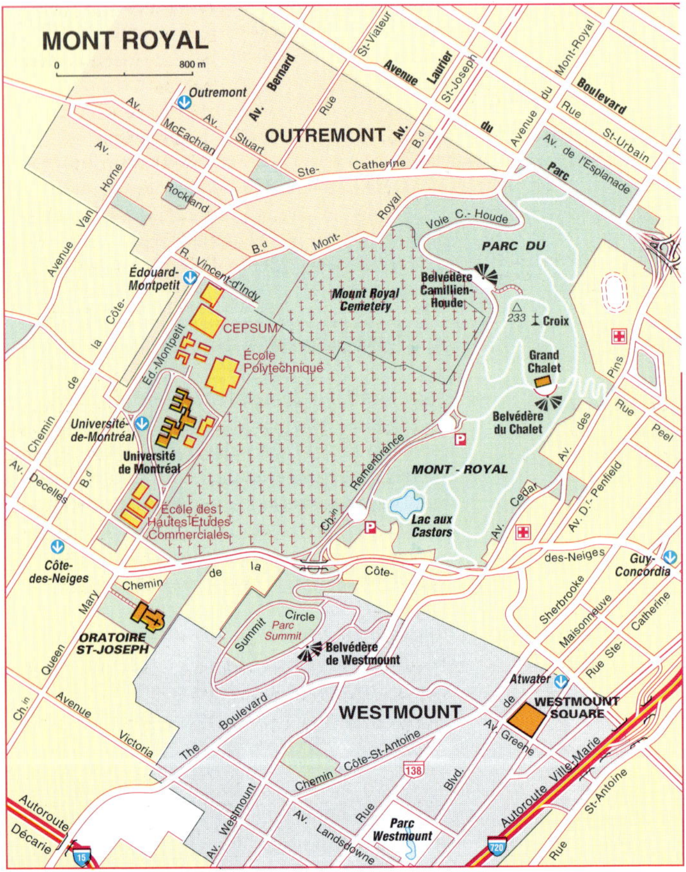

MONT ROYAL ET ENVIRONS

Westmount

La partie Ouest de Montréal est plus anglophone que toute autre partie de la ville et Westmount, municipalité distincte enclavée dans la ville, l'est

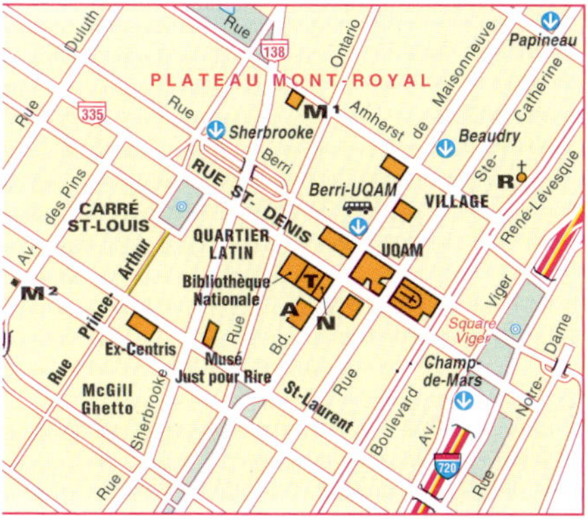

A Cinémathèque québécoise
M¹ Écomusée du Fier Monde
M² Musée des Hospitalières de l'Hôtel-Dieu de Montréal
N Office National du Film
R St Pierre Apôtre Church
T Théâtre St-Denis

Cartes du mont Royal et ses environs.

encore davantage. Pour en saisir l'atmosphère, commencez par l'avenue Greene (métro *Atwater*, prenez le boulevard De Maisonneuve vers l'Ouest ou le passage souterrain).

Westmount Square★ surplombe l'avenue Greene et se prolonge bien sûr sous terre en un complexe commercial. Conçu par Ludwig Mies van der Rohe, l'ensemble est un modèle d'architecture moderne.

Plus intéressantes sont les boutiques de l'avenue : librairies *(Nicholas Hoare, Double Hook)*, cafés, restaurants *(Bistro, Michael D's)* et magasins luxueux (*Oink Oink*, très beau magasin de jouets).

Les voitures de luxe se disputent les places de stationnement ou se garent en double file, comme si payer une amende importait peu.

Regardez vers le Nord et vous verrez les demeures des propriétaires des voitures : des grandes maisons, des hôtels particuliers disposés le long des rues et des allées qui serpentent sur la colline de **Westmount**, un contrefort du mont Royal. Par beau temps, à pied ou en taxi, montez voir la **vue** qu'offre le **belvédère de Westmount**★

sur cette enclave de verdure et d'arbres et sur le fleuve Saint-Laurent. Moins fatigant, poursuivez sur le boulevard De Maisonneuve à l'Ouest jusqu'au **Parc Westmount**, avec ses jardins anglais, sa bibliothèque renfermant des ouvrages précieux et ses belles serres *(ouvert toute l'année).*

Pour goûter davantage l'atmosphère de Westmount, continuez vers l'Ouest sur la rue Sherbrooke jusqu'au quartier des boutiques, autour de l'avenue Victoria. Le bus n° 24 en direction de l'Est vous ramènera au centre-ville.

Outremont

Sur l'autre flanc du mont Royal, le pendant francophone de l'avenue Greene est l'**avenue Laurier**, dans le quartier majoritairement francophone d'Outremont (dirigez-vous vers l'Ouest après la station de métro *Laurier*), également enclave municipale distincte de la ville de Montréal.

À Outremont, les cafés sont plus d'« avant-garde » qu'à Westmount, les pâtisseries, les boutiques de mode, les fromageries et les bons restaurants (*La Chronique* est actuellement très en vogue), plus nombreux. À deux rues au Nord, l'**avenue Bernard**, à l'Ouest de Clark, est encore plus vivante et plus branchée. Le *Bilboquet* (1311, Bernard Ouest) vend les meilleures glaces de l'île. *Café Souvenir*, au n° 1261, est un *must* pour le brunch de la fin de semaine, sans parler des croissanteries et des nombreux restaurants qui servent toutes les cuisines du monde.

Poursuivez vers l'Ouest jusqu'au quartier résidentiel. Les belles demeures d'Outremont s'alignent au bas du mont Royal, le long du chemin de la Côte-Sainte-Catherine. De retour vers les stations de métro *Laurier* ou *Rosemont*,

Partie de pétanque dans le parc du Mont-Royal.

Outremont affiche son côté cosmopolite et populaire. Quelques-uns des anciens immeubles à plusieurs logements sont très typiques de Montréal, avec leurs escaliers métalliques extérieurs en colimaçon, qui économisent l'espace intérieur mais ne sont plus autorisés dans les nouvelles constructions.

Il y a une communauté importante de juifs hassidiques et une partie d'Outremont touche au quartier traditionnel d'immigrants du Plateau Mont-Royal. Les Montréalais, toutes origines confondues, se fournissent à la boutique des *Bagels St.-Viateur* (158, Saint-Viateur Ouest) car ce spécialiste du petit pain rond fait l'unanimité. N'hésitez pas à vous y arrêter.

Parc du Mont-Royal★★

Le mont Royal est le cœur spirituel de Montréal, là où réside son âme. La **croix** de métal érigée au sommet brille dans la nuit, moins comme un symbole religieux que comme un rappel du passé et de la première croix plantée par Paul Chomedey de Maisonneuve, fondateur de Montréal. La tempête de verglas de 1998 qui s'abattit sur Montréal et dévasta les forêts de la montagne laissa les Montréalais profondément choqués et désespérés, jusqu'à ce que la forêt se relève de ce terrible assaut au cours des étés suivants.

Le **parc du Mont-Royal★★** est l'un des premiers parcs paysagers du monde, une oasis, une part généreuse de campagne au cœur de la ville. Il fut dessiné par Frederick Law Olmsted, à qui l'on doit aussi Central Park de New York, et inauguré en 1876. Du centre-ville, on y accède à pied par la rue Peel en suivant un chemin très raide. La facilité consiste à prendre le bus n° 11 à la station de métro *Mont-Royal* qui suit la voie

Camillien Houde et le chemin Remembrance. Fréquenté l'été par les canoteurs, le **Lac aux Castors** est un bon point de départ pour se lancer à la découverte du parc. Traversez la prairie et remontez vers la partie boisée. Des chemins et des pistes, plus ou moins ardus à suivre, traversent les bois.

Le **belvédère du Grand Chalet★★★** offre une vue splendide : à vos pieds s'étend le centre de Montréal et, au-delà, les basses terres du Saint-Laurent. C'est un poste d'observation stratégique que les indiens utilisaient déjà. Sur le flanc Nord de la montagne s'étendent le vaste **cimetière Notre-Dame-des-Neiges,** où sont inhumées de nombreuses personnalités, et l'**Université de Montréal**, avec sa tour caractéristique Art déco dessinée par Ernest Cormier. Vers l'Ouest, le long de la route qui traverse le parc, le **belvédère Camillien-Houde**, accessible en voiture, offre des vues sur la tour olympique et la partie Est de la ville. Profitez-en pour visiter le **cimetière protestant** à proximité, car il renferme de très beaux monuments funéraires.

Au parc du Mont-Royal, comme sur le toit de Montréal : la ville est à vos pieds.

Très visité pendant l'été, le parc du Mont-Royal est encore plus Montréalais quand vient l'hiver. Entre deux chocolats chauds dégustés à la buvette *La Queue de castor*, les patineurs virevoltent sur la glace du lac aux Castors. Le remonte-pente se met en marche et les enfants dévalent les pentes en luge. Les fanatiques du jogging et du VTT courent et roulent dans la neige – plus la température est basse, mieux c'est – et les fondeurs glissent sur les pistes qui sillonnent la montagne.

ORATOIRE SAINT-JOSEPH★★

Le rôle passé de l'église catholique est partout visible dans Montréal, que ce soit dans les églises, les couvents ou les écoles religieuses, encore en activité ou transformées en appartements de luxe, en établissement d'enseignement secondaires huppés ou dans les orphelinats, abandonnés à mesure que la population échappait au dictat de l'église et adoptait le contrôle des naissances. Mais la foi n'est nulle part ailleurs plus présente qu'à l'**Oratoire Saint-Joseph★★** (3800, chemin Queen Mary, métro *Côte-des-Neiges*, ou à pied du parc du

L'Oratoire Saint-Joseph, de l'humilité dans la grandeur.

Mont-Royal). L'oratoire, accessible après avoir gravi de nombreuses marches et traversé des terrasses qui le séparent de la rue en contrebas, fut fondé par le frère André auquel on attribuait des guérisons miraculeuses – il n'est qu'à voir les nombreuses béquilles déposées dans l'entrée. La **basilique★** de style néoroman, surmontée du grand dôme terminé en 1955, atteint 112 m de haut et domine assez Westmount pour être visible de toutes parts quand on approche de Montréal. À l'intérieur, elle est étonnamment austère et pourtant imposante pas sa taille massive. Les 56 cloches du carillon, fondues à l'origine pour équiper la tour Eiffel, donnent des concerts gratuits. Un petit musée est consacré au frère André.

À partir de la station de métro, le chemin de la Côte-des-Neiges redescend vers le Nord et traverse un quartier exotique, bordé de boutiques de saris et de nombreux restaurants vietnamiens, et peuplé d'immigrants venus du monde entier. Au Sud, le vaste boulevard longe le parc du Mont-Royal pour rejoindre le centre-ville.

LES ÎLES DU SAINT-LAURENT

Des espaces verts sont aménagés sur les îles du Saint-Laurent : le **parc des Îles**, héritage de L'Exposition universelle de 1967 qui s'est tenue sur l'**île Sainte-Hélène★** et sur l'**île Notre-Dame★** est vaste, varié et à une seule station de métro du centre-ville (métro *Île-Sainte-Hélène*). Le bus n° 167, dont l'arrêt se trouve près de la station de métro, fait une boucle qui passe par tous les points intéressants de l'île. Un ferry (« le traversier ») assure la navette avec le Vieux-Port pendant l'été. En voiture, à bicyclette ou en rollers, prenez le pont de la Concorde *(stationnement payant sauf au Casino)* ; la partie Est de l'île Sainte-Hélène est accessible à partir du pont Jacques-Cartier.

Île Sainte-Hélène★

L'île Sainte-Hélène, plus proche de la ville, est couverte de prairies et de bosquets, et possède d'anciennes fortifications ainsi que de remarquables sculptures, notamment *L'Homme* d'Alexander Calder.

L'ancien pavillon des États-Unis, le dôme géodésique de Buckminster Fuller, fonctionne maintenant comme une **biosphère★**. Ce centre d'observation de l'environnement, axé sur la vie sous-marine et les ressources en eau, propose des expositions interactives et des spectacles multimédias *(ouvert tous les jours en été, fermé le lundi le reste de l'année)*.

La biosphère sur l'île Saint-Hélène.

L'Homme de Calder au Nord de l'île (ci-contre).

Le **Vieux-Fort**, témoin de l'époque où Montréal devait se protéger des éventuelles attaques des Américains, est la seule installation défensive de la ville encore intacte. Il héberge le **musée David-M.-Stewart★** *(ouvert tous les jours de mai à septembre, fermé le mardi le reste de l'année)* qui retrace la vie des colons français et anglais par des expositions statiques (vitrines d'objets quotidiens) et dynamiques (représentation du travail des pêcheurs et des manœuvres des régiments français et britanniques).

Si vous souhaitez vous divertir, rendez-vous à **La Ronde**, au bout de l'île Sainte-Hélène. C'est le plus grand parc d'attraction de Montréal *(voir p. 109)*.

Île Notre-Dame★

L'île Notre-Dame est artificielle et a été agrandie du côté de la voie maritime du Saint-Laurent avec la terre d'excavation de la construction du métro

Le Vieux-Fort, sur la défensive.

de Montréal. Sa principale attraction est le **Casino**, installé dans l'ancien pavillon français de l'Exposition universelle *(voir p. 109)*.

L'île est parfaite pour les promenades, les virées à bicyclette et en rollers, dès le début du printemps et jusqu'à la fin de l'automne. À votre disposition, les **Jardins des Floralies**, superbe parc floral orné de plantes décoratives exotiques ; le **circuit Gilles-Villeneuve** construit pour le Grand Prix automobile ; un lac et une plage, très fréquentés tout l'été. L'entrée est gratuite, sauf l'accès à la plage et la location des canots.

L'activité de la **voie maritime du Saint-Laurent** sur laquelle s'engagent les navires de haute mer, est fascinante. Pour mieux observer le manège des grands navires, postez-vous sur le pont Victoria dont certaines parties sont surélevées pour permettre leur passage. Les **écluses de Saint-Lambert**★ sont visibles de plus près à partir d'un point accessible en voiture situé sur la rive Sud du fleuve.

Faites vos jeux sur l'île de Notre-Dame.

Habitat 67 ou comment emboîter le pas à la modernité.

Vous pourrez manger sur le pouce dans l'une des nombreuses buvettes de l'île mais aussi vous attabler à l'un des restaurants. Au Casino, un restaurant italien aux prix modiques côtoie le *Nuances* qui est l'une des meilleures tables de la ville. *Le Festin du Gouverneur,* au Vieux-Fort, et *Hélène de Champlain* recréent l'atmosphère de l'époque coloniale française.

Cité du Havre

La Cité du Havre est un ensemble de bâtiments construits sur le remblai qui ferme le port de Montréal et relie Montréal à l'île Sainte-Hélène. Remarquable et unique en son genre, **Habitat 67★**, le complexe résidentiel dû à l'architecte Moshe Safdie est composé d'unités préfabriquées, apparemment posées en désordre, comme un jeu de cubes, et dont chaque unité offre à la fois espace et intimité à ses habitants.

PARC OLYMPIQUE★★

Montréal a rompu avec la tradition urbaine en construisant sa structure la plus caractéristique non pas en centre-ville mais dans les quartiers ouvriers de l'Est. La tour olympique, penchée à 45°, qui devait soutenir le toit rétractable du **Stade Olympique**, fut construite pour les jeux de 1976. Techniquement, le toit rétractable n'a jamais vraiment fonctionné, et dorénavant il est fixe, mais la tour est incontestablement un monument. Un funiculaire vous emmène au sommet admirer le **panorama**★★★, imprenable et sans égal (métro *Pie-IX* ou *Viau, départ du funiculaire toutes les 10 minutes, payant*).

Le gigantesque stade, plus grand que le Colisée de Rome, d'où s'échappent les clameurs de la foule, accueille notamment l'équipe locale de base-ball, les *Expos de Montréal*. La **piscine**

La tour penchée sur le Stade Olympique : Pise n'a qu'à bien se tenir.

Olympique est ouverte au public, en dehors des compétitions. Deux visites guidées du parc olympique sont organisées chaque jour.

Non loin, le **Biodôme**★, bâtiment construit à l'origine pour les épreuves olympiques de cyclisme, se démarque des zoos et des jardins botaniques classiques. Il abrite maintenant un musée imaginatif de l'Environnement et des sciences naturelles, reproduisant fidèlement quatre habitats climatiques : le Nord polaire, le fleuve du Saint-Laurent, la forêt canadienne et les tropiques *(ouvert tous les jours)*.

Au Nord du parc olympique, de l'autre côté de la rue Sherbrooke, le **Jardin botanique**★★, intégré au **parc de Maisonneuve**, est le deuxième plus grand jardin botanique au monde, avec 26 000 espèces en plein air et réparties dans dix **serres**★. À voir absolument le jardin et le pavillon japonais, le **jardin de Chine**★ et la Maison de thé japonaise avec sa collection de bonsaïs.

Le jardin Botanique élève l'esprit et apaise l'âme.

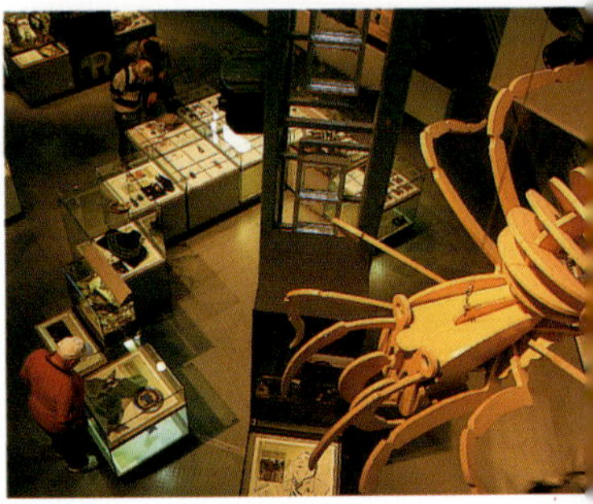

Tous les spécimens sont dans l'Insectarium.

L'**Insectarium★**, construit sous la forme d'un insecte géant, donne à observer le monde des papillons et des insectes, avec une collection complète d'espèces vivantes et naturalisées. Si le cœur vous en dit vous pourrez goûter des insectes tels qu'ils sont consommés dans d'autres cultures *(ouvert tous les jours)*. Un service de navettes gratuit dessert le parc, le Jardin botanique et le Biodôme.

Une rue plus loin, à l'Ouest du carrefour Pie-IX et Sherbrooke, le **Château Dufresne★**, une superbe demeure construite par les frères Oscar et Marius Dufresne, abrite une collection de meubles et d'objets décoratifs.

AUTRES QUARTIERS ET VILLES VOISINES

Choisissez sur le plan du métro les quartiers de Montréal qui vous attirent. La station *De l'Église*, sur la rue Wellington dans le Sud-Ouest de Montréal, est au centre de **Verdun**, un charmant quartier populaire mixte français-anglais avec des boutiques bon marché où l'on fait des affaires. Plus loin au Sud, un parc est aménagé le long du Saint-Laurent en face de l'**île des Sœurs**, une enclave bâtie de résidences de luxe.

Quatre stations plus loin, au **parc Angrignon**, vous pourrez visiter une ferme *(réservation des visites au 872 2816, l'été uniquement)*.

Pointe Saint-Charles et l'avenue du Parc

La **pointe Saint-Charles** est la banlieue ouvrière où vécurent les irlandais qui participèrent à la construction du pont Victoria. Quelque peu délaissé actuellement, entouré de voies ferrées et de zones industrielles, le quartier comporte l'une des plus anciennes maisons de l'île : la **Maison Saint-Gabriel★** (2146, place Dublin, métro *Square Victoria*, bus n° 61). Construite vers 1698, en pierre avec une toiture caractéristique à forte pente, elle accueillait les Filles du Roy, orphelines envoyées à la Nouvelle France pour se marier et peupler la colonie. Des meubles et des objets d'époque sont exposés.

L'**avenue du Parc**, au nord de la rue Sherbrooke et de la place des Arts, est le centre de la communauté grecque de Montréal. Parmi les quartiers italiens, le plus important se trouve le long du boulevard Jean-Talon, près de la station de métro du même nom. Le **marché Jean-Talon**, quelques rue plus loin vers l'Ouest vaut également le détour.

Lachine

Lachine, à l'extrémité Ouest du canal, est une banlieue installée sur les rives du fleuve qui comporte plusieurs vénérables bâtiments datant de l'époque de la traite de la fourrure. Prenez le bus n° 110 au métro *Angrignon*, ou longez le canal Lachine à bicyclette jusqu'au jardin des sculptures, offrant une jolie promenade estivale sur la rive du Saint-Laurent.

Le **musée du Commerce de la fourrure à Lachine** est installé dans un ancien entrepôt, au coin de la 12ᵉ rue et du boulevard St Joseph, au bord du Saint-Laurent. Une exposition interactive relate l'histoire du commerce sur lequel s'est bâtie Montréal. Le canal lui-même est expliqué au **Centre d'interprétation du canal de Lachine**, *(ouvert en été, fermé le lundi)*. Le **musée de Lachine**, sur le boulevard LaSalle, rassemble une charmante collection de trains miniatures et d'objets évoquant l'histoire locale.

Les banlieues de l'Ouest

Pour la visite des banlieues Ouest de Montréal, prenez le bus n° 211 au métro *Lionel Groulx* jusqu'à **Sainte-Anne-de-Bellevue★** *(une trentaine de kilomètre et une heure de trajet pour un seul ticket de métro, mais évitez les heures de pointe).* Sainte-Anne est un charmant village au bord de l'eau, avec des cafés donnant sur la marina et les écluses qui permettent au lac Saint-Louis, un élargissement du Saint-Laurent, d'être relié au lac des Deux-Montagnes, à la confluence de la rivière des Outaouais.

D'autres lieux méritent une visite, mais en voiture ou en taxi, notamment la **ferme expérimentale Macdonald** du Campus de l'université Mc Gill, route du bord du lac ; l'**Arboretum de Morgan**, Chemin Sainte-Marie à Pine, avec des chemins de randonnée et des pistes de ski de fond, et l'**Écomusée** (21125, Chemin Sainte-Marie) sur lequel vous croiserez des animaux sauvages vivant dans la vallée du Saint-Laurent.

EXCURSIONS

Au départ de Montréal, une excursion vers une station de ski, une ville ou un parc proche nécessitera un véhicule.

Kahnawake

La communauté Mohawk de Kahnawake est installée sur la rive Sud du Saint-Laurent en face des banlieues Ouest de Montréal. Farouchement indépendante, Kahnawake possède sa propre police. Elle est détentrice de privilèges accordés par traités qui abolissent les frontières nationales – au grand dam des diverses autorités fiscales.

Des bus au départ de Montréal assurent huit liaisons quotidiennes, mais vous pourrez aussi

Le mont Saint-Sauveur à moins d'une heure de Montréal.

organiser une visite à pied ou en voiture *(pour tous renseignements, contactez l'Office du tourisme de Kahnawake : ✆ 450 638 9699)*, pour voir le sanctuaire de la bienheureuse Kateri Tekakwitha (béatifiée en 1980), l'**église** et le centre culturel Mohawk.

Les Laurentides★★

Les stations de ski les plus proches, **Saint-Sauveur-des-Monts** ★ et **Sainte-Adèle**★, sont à 60 km au Nord de Montréal par l'autoroute 15. Saint-Sauveur est la plus ancienne des stations des Laurentides et l'une des plus grandes, avec un joli village plein d'activités et de piscines à toboggan pendant l'été. Le domaine skiable le plus éloigné de Montréal (à environ 120 km) dans cette direction, mais aussi le plus grand, est le **mont Tremblant**. Tremblant est une station créée sur les bords du lac, dont la beauté attire les visiteurs toute l'année. Les activités

de loisir y sont plus variées que dans la plupart des autres stations : sports nautiques en été et raquettes en hiver.

Les fraîches Laurentides sont un lieu de villégiature traditionnel des Montréalais à la saison chaude. Ils aiment visiter les villes pittoresques de la région, dont **Sainte-Agathe**★ et **Sainte-Marguerite**★ sur le lac Masson, en s'arrêtant pour chiner des antiquités, acheter des articles d'artisanat et dîner dans la campagne ou faire un saut au *Bistro Champlain* pour déguster un verre de vin dans cette cave réputée.

Les Laurentides en scooter des neiges...

Un circuit panoramique traverse le **parc du Mont-Tremblant**★, puis revient vers l'Ouest et le Sud sur Sainte-Agathe. Au départ de Saint-Jérôme, à 50 km au Nord de Montréal, le long d'une ancienne voie ferrée, un parc linéaire long de 200 km convient aux promenades à bicyclette.

Les cantons de l'Est★★

Les cantons, à l'Est de Montréal, furent remis par les Anglais aux Loyalistes, réfugiés des États-Unis, de sorte que les lieux portent souvent des noms anglais. Appartenant aux Appalaches, le paysage se

... ou en canoë l'été.

compose de collines boisées, de vallées profondes et de lacs pittoresques.

Les domaines skiables comprennent **Sutton★**, **mont Orford**, **mont Owl's Head** et **Jay Peak** dans le Vermont du côté américain.

Le **lac Memphrémagog** est très prisé l'été ; il y a aussi des motels et des auberges à **Magog★**, **North Hatley★** et **Sainte-Catherine-de-Hatley**.

À l'Est des cantons, au Sud de la ville de **Sherbrooke★**, la pittoresque **Lennoxville**, largement anglophone, abrite la petite université Bishop.

À l'Ouest, plus près de Montréal, se trouve le charmant village de **Knowlton★**, sur le lac Brome. Dès que l'on s'écarte de la route principale, ce ne sont que collines, forêts, lacs et bosquets d'érables révélés au détour de la route.

Avec ou sans enfant, une excursion dans les Cantons s'accompagne d'une visite du parc aquatique et du **jardin zoologique de Granby★** (*sortie 68, autoroute 10, 80 km au Sud-Est de Montréal*), qui possède plus de 1000 animaux, dont de nombreuses espèces en voie d'extinction.

L'abbaye bénédictine de Saint-Benoît-du-lac surplombe le lac Memphrémagog.

L'ESPRIT DE MONTRÉAL

Montréal, c'est une musique de jazz sous un ciel étoilé, sur l'esplanade de la place des Arts, ... une incomparable cuisine pour un prix décidément très modéré ... les joies de l'hiver, patins aux pieds sur le Saint-Laurent gelé ou à ski de fond sur les flancs du mont Royal enneigé ... les machines à sous du Casino ... les terrasses des cafés de la rue Saint-Denis. Assurément, les Montréalais ont le génie de mêler plaisir et travail, affaires et quotidien, et surtout, ils ne sont pas avares de leur joie de vivre, ils vous la font partager sans chipoter.

Montréal, c'est aussi la victoire sur le froid, dans les esprits comme dans les constructions, solides et confortables. Nulle part ailleurs les fêtes de l'hiver – fête des Neiges et Festival Montréal en Lumières – jouissent de la même faveur auprès des touristes que les attractions de l'été. Nulle part ailleurs non plus la froidure de l'hiver ne disparaît aussi vite sous les tapis de fleurs des jardins publics et privés, aux premiers signes du printemps.

Montréal, c'est la saveur de toutes les cultures qui créent la ville au quotidien : des croissants et un café, un sandwich baguette au fromage, des *bagels* cuits au feu de bois, des *souvlaki* servis dans une *pitta*, la fameuse tourtière québécoise et les haricots au sirop d'érable, le *smoked meat* (bœuf fumé) sur pain de seigle. Chacun se régale de la cuisine des autres.

Montréal, c'est tout un amalgame, le francophone au nom

Montréal en hiver.

irlandais, le défenseur des droits des anglophones portant un nom français et des gens venus de tous les horizons qui s'en tirent à merveille en dépit des batailles politiques qui se déchaînent parfois. C'est aussi une lutte, comme dans le monde ouvrier des canadiens français décrit par Gabrielle Roy dans son célèbre roman *Bonheur d'occasion*, une ville où l'anglais et le yiddish coexistent, comme dans le roman de Mordecai Richler *L'apprentissage de Duddy Kravitz*, un lieu où Francophones et Anglophones sont partenaires autant qu'étrangers, comme dans *Deux solitudes* de Hugh MacLennan.

Montréal, c'est la ville du « bon accueil », une célébration des saisons, des goûts et des gens, tous différents et pourtant réunis.

CLIMAT

Le climat de Montréal peut passer d'un extrême à l'autre, été comme hiver, mais les périodes étouffantes et humides ou le froid polaire ne durent jamais. Le visiteur frileux préférera la fin du printemps, l'été ou le début de l'automne, mais celui qui veut s'imprégner de l'esprit de Montréal appréciera de vivre dans une ville qui est en harmonie avec toutes les saisons, sans compter qu'il profitera en hiver des prix d'un hébergement de basse saison.

La température moyenne en juillet est de 26°C le jour (presque toutes les maisons ont l'air conditionné) et de 16°C la nuit. Le temps est généralement prévisible, avec de légères pluies passagères et quelques orages, mais la queue des ouragans peut parfois remonter de l'Atlantique et noyer la ville sous un déluge.

La température amorce une chute en automne, plus ou moins forte selon les années. Les chanceux profiteront de l'été indien, un temps idéal d'arrière-saison pour de belles balades jusqu'en novembre. Après le 1er octobre, le gel commence à faire son apparition la nuit, et s'installe pour de bon à la mi-novembre.

En décembre, l'hiver est là, avec de fortes chutes de neige intermittentes et des températures descendant parfois à -30°C, sous l'effet du *jet stream* qui pousse l'air polaire devant lui. Mais le froid intense ne persiste pas. La température moyenne maximale en janvier est de -6°C, la plus basse de -15°C. Même en plein hiver, une période de redoux est possible. La température reste alors au-dessus de zéro, la neige fond et il peut même se mettre à pleuvoir

Bien que Montréal soit l'une des métropoles les plus enneigées du monde, la neige est en général bien déblayée de la chaussée et des trottoirs. Les équipes de déneigement et les chasse-neige (les « souffleuses ») offrent un spectacle impressionnant pour les touristes.

Si vous allez à Montréal en hiver, soyez donc prêt à affronter les éléments. N'oubliez surtout pas vêtements chauds et bottes – vous pourrez toujours compléter votre garde-robe sur place. L'étiquette veut que l'on porte des « par-dessus » sur les chaussures pour garder les pieds au chaud.

À la mi-mars, bourrasques et douceur alternent, parfois dans la même journée, si bien que certains Montréalais portent encore des bottes quand d'autres se promènent en sandales, mais la moyenne des températures maximales du mois est de 11°C. On voit partout refleurir les jardinières et ressortir les parcs à vélo. L'hiver est relégué au fond des mémoires. Au 1er juin, il ne gèle plus la nuit et il fait jour jusqu'à 21 h.

PRINCIPALES MANIFESTATIONS

Montréal est une ville de festivals ! On célèbre tout : la musique, le cinéma, les traditions culinaires, la lumière, la langue, les voitures de course, les religions et bien d'autres choses encore. Les plus grands festivals, comme celui de jazz, prennent possession des rues, des parcs et des espaces publics et privés. En voici une liste non exhaustive.

Fête des neiges, fin janvier - début février : sur l'île Sainte-Hélène, célébration de l'hiver avec des sculptures de glace, des « glissoires géantes », du patinage et beaucoup d'autres réjouissances.

Festival Montréal en lumière, février : dernière-née des célébrations annuelles. Il est consacré aux arts culinaires, à la musique, mais surtout aux illuminations publiques.

Festival de théâtre des Amériques, mai-juin : la ville accueille le théâtre contemporain du monde entier.

Tour de l'Île, début juin : un marathon (non professionnel) à bicyclette, extrêmement populaire auprès des Montréalais et des visiteurs.

Festival de musique de chambre, mi-juin : des concerts au sommet du mont Royal.

Grand Prix du Canada, mi-juin : course de Formule I.

Danse traditionnelle au Festival Présence Autochtone.

7654, fax 514 844 2188). Dans le quartier Latin, restaurant en terrasse ; bon rapport qualité-prix, petit déjeuner compris.
50 $ ch. simple, 60 $ ch. double.
Hôtel Saint-Denis (1254, rue Saint-Denis, H2X 3J6, © 514 849 4526 ou 800 363 3364, fax 514 849 4529). Chambres simples et convenables, presque au cœur du quartier Latin, dans beau bâtiment ancien en briques. *De 45 à 100 $.*

Une étoile
Castel Saint-Denis (2099, rue Saint-Denis, H2X 3K8, © 514 842 9719, fax 514 843 8492). Petit hôtel (18 chambres) sympathique et pas cher, dans le quartier Latin. *De 55 à 60 $.*

Aéroport Dorval

La plupart des chaînes hôtelières ont des établissements à proximité de l'aéroport.
Hilton Montréal Aéroport (Dorval H9P 1B7, © 514 631 2411, fax 514 631 0192). Très bon restaurant.
À partir de 140 $.

Rive sud

Hôtel Radisson Longueuil-Montréal (999, rue de Sérigny, Longueuil J4K 2T1, © 450 670 3030 ou 800 493 7303, fax 450 670 5928). Proche de la station de métro pour rejoindre Montréal. *Chambre double à partir de 90 $ (parking compris).*

Gîtes

Les Gîtes du passant du Québec, affilié à la Fédération des Agricotours, publie un guide annuel du même nom aux éditions Ulysse. Ces organismes réservent des chambres individuelles en centre-ville et dans les quartiers périphériques. *À partir de 40 $ une chambre simple et 50 $ une chambre double :*
Gîtes Montréal Centre-ville (3458, avenue Laval, H2X 3C8, © 514 289 9749 ou 800 267 5180).
Bead and Breakfast City-Wide Network (422, rue Cherrier, H2L 1G9, © 514 738 9410 ou 800 738 4338).
Les Passants du San Soucy (171, rue Saint-Paul Ouest, H2Y 1Z5, © 514 842 2634, fax 514 842 2912). Belle maison en pierre ancienne dans le Vieux-Montréal, meublée d'antiquités et de pièces de collection. *De 125 à 200 $.*
Pierre du Calvet (405, rue Bonsecours, H2Y 3C3, © 514 282 1725, fax 514 282 0456). Maison de ville de l'époque coloniale française restaurée, meubles de famille.
De 180 à 250 $.

Auberges de jeunesse, YMCA et cités universitaires

Auberge internationale de Montréal (1030, rue Mackay, © 514 843 3317, fax 514 934 3251). Quartier calme, non loin du centre-ville Ouest.
Lits en dortoirs à partir de 23 $.
Université de Montréal (2350, rue Edouard-Montpetit, © 514 343 6531, fax 514 343 2353). Chambres de la mi-mai à la fin du mois d'août.

YMCA centre-ville (1450, rue Stanley, H3A 2W6, © 514 849 8393, fax 514 849 7821). Central, pour hommes. *Chambres individuelles à partir de 45 $, doubles à partir de 65 $.* **YWCA** (1355, boulevard René-Lévesque Ouest, H3G 1T3, © 514 866 9941, fax 514 866 4866). Pour femmes. *Chambres individuelles, à partir de 45 $, doubles à partir de 70 $, lit en dortoir 25 $.*

PLAISIRS DE LA TABLE

Montréal est un carrefour culinaire où se rencontrent la grande cuisine française ; les spécialités québécoises, tourtières et *hot-dogs steamés* ; la cuisine américaine et anglaise, simplement à base de steaks et de côtelettes grillées ; la nouvelle cuisine qui met à l'honneur les produits frais locaux ; le *fast-food* à l'américaine et à la française (croissants et café), le style *casher* (*bagels* et *smoked meat*) la cuisine grecque *(souvlaki)*. Pour ne rien gâcher, les prix sont très raisonnables.

Français et Québecois

Sans contestation possible, les meilleurs restaurants servent la cuisine française, ses sauces élaborées, ses fromages odorants, ses juliennes de légumes. Cependant, l'utilisation des produits locaux tels que les « cerises de terre », le gibier ou le bison, lui donnent un esprit montréalais. On trouve la cuisine québécoise traditionnelle dans les banlieues, les quartiers populaires et les restaurant des centres commerciaux.

Pour commencer, pourquoi ne pas goûter les haricots blancs au sirop d'érable, le **hot dog steamé**, saucisse servie dans un pain et réchauffée à la vapeur, les **cretons**, pâtés de veau ou de porc haché, **le blé d'Inde en épis**, maïs en épis ou les **oreilles de crisse**, des grillades de lard bien croustillantes (servies dans les cabanes à sucre) ? En plat de résistance, choisissez le redoutable **pâté chinois**, plat à trois étages de bœuf haché, crème de maïs sucré et purée de pommes de terre (un peu comme le hachis Parmentier), la **tourtière**, tourte à base de viandes de veau, de bœuf et de porc haché, ou la terrible **poutine**, plat de frites arrosées de sauce brune et saupoudrées de fromage. Si vous avez encore de la place pour un

Les fameux bagels *St.-Viateur.*

dessert, essayez la **tarte à la farlouche**, faite avec de la mélasse et des raisins secs ou les **pattes d'ours**, biscuits à base de mélasse en forme de pattes d'ours. Le tout arrosé de **caribou**, boisson à base d'alcool pur et de vin St-Georges.

On sert des vins français et californiens, mais pourquoi ne pas essayer les vins de la région du Niagara ? Le **vin de glace**, liquoreux particulièrement rafraîchissant et digestif est tout à fait original. Goûtez aussi la bière des micro-brasseries – la bière aux fruits *McAuslan*, la *Boréale*, et d'autres.

Le prix des menus comprend le plat principal, l'entrée ou le dessert, une boisson, les taxes et le pourboire. Pour profiter d'excellents repas à prix d'amis, prenez votre repas principal à midi, quand les restaurants proposent des formules spéciales à prix fixe. Vous pouvez aussi bénéficier de tarifs spéciaux dans les restaurants en dînant tôt. Les Canadiens dînent dès 18 h, voire même avant.

Quelques adresses sympathiques

Plus de 50 $

Le Passe-Partout (3857, boulevard Décarie, © 514 487 7750, métro *Ville-Marie*). Caché derrière une boulangerie, recherché par les gourmets de passage, carte originale et souvent renouvelée. Réservation conseillée midi et soir.

Les Halles (1450, rue Crescent). Très bon établissement, à la réputation bien établie, cuisine française traditionnelle et nouvelle, formule spéciale déjeuner.

Nuances (Casino, île Notre-Dame). Salle à manger lambrissée, banquettes de cuir et service de cristal ignorent avec superbe les machines à sous qui viennent jusqu'à la porte. Mariage de la cuisine française et des ingrédients locaux et exotiques (canard fumé, soupe au *lemon-grass* et noix de coco).

Toqué ! (3842, rue Saint-Denis, © 514 499 2084). Ambiance détendue et soignée, excellente cuisine française. Plats savants (flétan au romarin et à la vinaigrette de pamplemousse), carte variée, menu gastronomique, réservation recommandée.

Beaver Club (900, boulevard René-Lévesque Ouest, dans l'hôtel *Queen Elizabeth*). Ce restaurant à l'atmosphère très « club anglais » vit à l'heure de la cuisine française.

Entre 35 et 50 $

Zen (1050, rue Sherbrooke Ouest). Incomparable grande cuisine orientale dans un décor Art moderne. Spécial déjeuner et « prix-fixe ».

Ritz Carlton (1228, rue Sherbrooke Ouest). Restaurant d'hôtel élégant ; déjeuner buffet au *Café de Paris* ou autour du bassin.

Chez La Mère Michel (1209, rue Guy, © 514 934 0473). Sa réputation n'est plus à faire, cuisine française dans une maison de ville ; spécialités : tournedos de bison et bouchées d'agneau à l'estragon ; table d'hôte.
La Tour de Ville (*Hôtel Delta* Centre-Ville, 777, rue University, © 514 879 1370). L'unique restaurant tournant de Montréal offrant un panorama spectaculaire. Menus à thème. Ouvert en soirée, brunch le dimanche.
Bleu Marin (1437A, rue Crescent). Bon restaurant, fruits de mer avec une touche de cuisine italienne, dans la rue la plus vivante des quartiers Ouest.
Laloux (250, avenue des Pins Est). Avant-poste sympathique du quartier Latin dans une rue un peu morne, décor sobre, excellente nouvelle cuisine (ravioli au crabe, mignon de caribou) et très beau plateau de fromage.
Le Parchemin (1333, rue University). Dans le presbytère de la cathédrale Christ Church ; cuisine traditionnelle française et touche locale (bison mariné) ; menu express à prix spécial au déjeuner, avec un verre de vin.
Gibby's (298, place d'Youville). Bâtiment 18e s. romantique ; excellents steaks et fruits de mer.

Entre 15 et 35 $
Carlos & Pepes (1420, rue Peel). Grand tex-mex, atmosphère margaritas et bière.
Le Commensal (1204, avenue McGill College, 1720, Saint-Denis et autres adresses). Excellent buffet de cuisine végétarienne imaginative. Les plats se payent au poids.

En été, déjeuner en terrasse est à l'ordre du jour.

Le Taj (2077, rue Stanley). Spécialité de tandoori, décor somptueux. Table d'hôte dîner et buffet déjeuner pas cher.
Katsura (2170, rue de la Montagne). Repas japonais classique, du *sushi* au *teriyaki* ; grand choix de menus dans un décors apaisant.
Churrascaria Le Milsa (2045, rue Crescent). Pour les amateurs de viandes, restaurant à la brésilienne, prix table d'hôte.
Stash (200, rue Saint-Paul Ouest). Vénérable établissement polonais, portions généreuses de *bortch*, de sanglier, de chou farci et pain noir, parfait par temps froids.
Magnan (2602, rue Saint-Patrick, métro *Charlevoix*). Taverne fréquentée par les ouvriers, près du marché Atwater. Vous y serez le bienvenu pour goûter le homard, le rôti de bœuf et la bière pas chère. Vous pouvez aussi essayer le **Marché Atwater**, de l'autre côté du canal Lachine, pour son délicieux café, les croissants et le pain croustillant.
Le Petit Moulinsart (139, rue Saint-Paul Ouest). Hommage à Tintin, le héros de bande dessinée ; agneau, moules frites et bières.

Moins de 15 $

La Cabane Grecque (102, rue Prince-Arthur Est). Parmi la douzaine de restaurants où l'on apporte son vin dans cette rue piétonne, celui-ci propose des repas grecs copieux et économiques.
Basha (930, rue Sainte-Catherine Ouest, en étage). Bonne cuisine libanaise, plaisir des yeux, à l'intérieur comme à l'extérieur.
Bens (990, boulevard de Maisonneuve Ouest). Plats cuisinés pour gens riches et célèbres.
Schwartz's (3895, Saint-Laurent). Le roi du sandwich à la viande fumée. Passage obligé.
La Belle Province (1440, rue Sainte-Catherine Ouest, chaîne de restaurants, certains portant le nom de **Bellepro**). Décor magnifique, fast-food québécois : *hot-dogs steamés*, très bons hamburgers, délicieuses frites, *pogos* (brochettes de hot dog pané), poutine et *smoked meat*.
Nickels (720, rue Sainte-Catherine Ouest,). Chaîne de restaurants appartenant à Céline Dion, *smoked meat*, poulet rôti sauce brune et tous les plats favoris des Montréalais dans un décor rock-rétro.
Beauty's (93, avenue, Mont-Royal Ouest, métro *Mont-Royal*). Restaurant rétro authentique, sert des omelettes et des *bagels* au fromage frais et au saumon jusqu'à 17 h.
Croissant Plus (Place Montréal Trust, McGill College/Sainte-Catherine et autres adresses). Restauration rapide à la montréalaise, croissants pour tous les goûts.
Café Santropol (3990, rue Saint-Urbain). Café du Plateau Mont-Royal des années soixante, décor d'origine garanti, spécialité de grosses tranches de pain garnies de fromage, fruits et noix, et des soupes épaisses.

riche et plus profond des sirops plus sombres de moindre qualité (si vous en trouvez). La chaîne de magasins *Laura Secord* (Centre Eaton) est par excellence la boutique des gourmandises canadiennes, même si elle appartient à *Nestlé*. Le saumon fumé emballé sous vide, que l'on achète dans les boutiques des aéroports et dans quelques magasins d'alimentation, supporte bien le voyage. Laissez-vous inspirer par le rayon épicerie fine du grand magasin *La Baie* (voir ci-dessous).

Vêtements de plein air : Montréal et Québec sont les hauts lieux de la création, sinon de la fabrication, des équipements contre le froid. Les bottes *Sorel*, les parkas *Kanuk* (cette marque possède une grande boutique au 485, rue Rachel Est, près de la rue Saint-Denis), les vêtements de ski *Hors La Loi* et d'autres marques sont sur les rayons des grands magasins. Faites une incursion dans les chaînes de magasins de sport comme *Sports Experts* (930, rue Sainte-Catherine Ouest), ou des magasins plus spécialisés comme *Kayakqua* (1632, rue Sherbrooke Ouest), ou *L'Aventurier* (1604, rue Saint-Denis).

Importation : vous n'avez pas le temps d'aller au Mexique, au Guatemala, au Tibet ou en Afrique de l'Est ? Vous trouverez des objets pour la maison et des vêtements de ces pays dans les boutiques du quartier Latin, sur la rue Saint-Denis et aussi dans la rue Saint-Paul dans le Vieux-Montréal.

Fourrures : la traite des fourrures a fait la fortune de Montréal. Vous avez le choix entre les magasins d'exposition des fabricants, comme *McComber* (402, boulevard De Maisonneuve Ouest), *Bibergal* (400, De Maisonneuve Ouest), et *Grossman and Grosvenor*, dans le même bâtiment ; les boutiques de fourrure, comme *Alexandor* (2055, rue Peel) et des boutiques de quelques grands magasins, comme *Holt Renfrew* et *Ogilvy*.

Antiquités : les meubles en pin du Québec ainsi que les vitraux, les matériaux récupérés sur les chantiers de démolition et les articles de collection, sont proposés dans des entrepôts de vente au détail, dans la rue Notre-Dame entre les rues Guy et Vinet (marchez vers l'Est à partir de Atwater, près du métro *Lionel-Groulx*) et dans la rue Amherst, au-dessus de Sainte-Catherine. Des boutiques du marché Bonsecours et de la rue Saint-Paul du Vieux-Montréal exposent et vendent des copies d'anciens.

Articles divers : les cigares de Cuba, qui s'achètent dans tous les débits de tabac (les *tabagies*), et qu'il ne faut pas s'amuser à exporter aux États-Unis, ont un goût d'interdit pour les Américains. Même chose pour le rhum *Havana Club*, en vente chez tous les spécialistes des vins et alcools (SAQ ou Societé des Alcools du Québec).

Les temples de la consommation

Si le temps n'est pas clément, vous ferez probablement votre « magasinage » dans les centres commerciaux reliés entre eux par la ville souterraine. À côté des enseignes américaines, françaises et autres, prospèrent des boutiques familiales de notoriété strictement locale. Depuis quelques années, le Canada est un paradis du shopping, alors munissez-vous de votre carte de crédit et dirigez-vous vers les temples de la consommation.

En plus du Centre Eaton et des Cours Mont-Royal déjà mentionnés, vous pouvez aller **Place Montréal Trust**, à l'angle de la rue Sainte-Catherine et de l'avenue McGill College ; **Promenades de la Cathédrale**, à l'angle des rues Sainte-Catherine et University, sous la Cathédrale Christ Church ; **Place Ville-Marie**, à l'extrémité Sud de McGill College, où les boutiques longent de véritables « rues » souterraines.

Tous ces lieux possèdent des cafés et des restaurants à profusion où vous reprendrez des forces pendant votre expedition.

Le dernier grand magasin traditionnel du centre-ville est **La Baie** (585, rue Sainte-Catherine Ouest) qui vend de tout, de la paire de sandales aux gros appareils ménagers, mais surtout du prêt-à-porter.

Les centres commerciaux que nous venons de citer sont des galeries réunissant des boutiques de marques de moyenne et de haut de gamme. Si vous recherchez une atmosphère plus authentiquement « banlieue canadienne », rendez-vous dans l'un des très grands centres commerciaux accessibles par le métro.

Place Versailles, dans l'Est de la ville, à la station de métro *Radisson*, possède plusieurs centaines de boutiques, des franchises, une succursale de *La Baie*, un cinéma, des restaurants où l'on mange la poutine, des plats libanais et autres. De l'autre côté de la rue se trouve un énorme supermarché *Loblaws* pour l'alimentation. Vous pouvez y faire un crochet après la visite du stade olympique et du jardin

Centre Eaton.

Quat'Sous (100, avenue Des Pins Est, ✆ 514 845 7277).

Les grands noms actuels du théâtre francophone sont Robert Lepage, metteur en scène qui travaille dans le monde entier en anglais et en français, et l'auteur Michel Tremblay.

Le **Centaur** (453, rue St-François-Xavier, ✆ 514 288 3161), situé dans l'ancienne Bourse des valeurs, est devenu le principal théâtre Montréalais en langue anglaise. Les œuvres des auteurs québécois y sont parfois adaptées dans la langue de Shakespeare.

Montréal est un des rares lieux dans le monde ou l'on joue régulièrement des pièces de théâtre en yiddish, au **Centre Saidye Bronfman** (5170, chemin Côte-Sainte-Catherine, ✆ 514 739 7944).

Danse

Les grandes compagnies basées à Montréal comptent parmi elles **Les Grands Ballets Canadiens** (✆ 514 849 0269) et **Les Ballets Jazz de Montréal** (✆ 514 982 6771).

Cinéma

Ne vous fiez pas au titre des films. Pour un titre anglais, vous pouvez avoir toutes les combinaisons de langues et sous-titres, français, anglais et autres langues. Vérifiez donc bien les mentions : *« v. o. anglaise »*, *« v. o. française »*, *« s. t. français »*, etc. Le prix d'une place de cinéma dépasse rarement les 9 $; c'est moins cher en matinée, le mardi et le mercredi toute la journée.

Ex-Centris est un nouveau complexe (3536, boulevard Saint-Laurent, ✆ 514 847 3536).

L'**Office National du Film** (1564, rue Saint-Denis, ✆ 514 496 6887) et la **Cinémathèque Québecoise** (335, boulevard De Maisonneuve Est, ✆ 514 842 9763) projettent des films classiques et d'avant-garde.

Cinéma Parallèle, une petite salle derrière le café du 3536, boulevard Saint-Laurent, propose des films inhabituels.

En saison, le cinéma **IMAX**, au Vieux-Port (✆ 514 496 4629), programme des films spectaculaires sur grand écran. Le prix du billet est de 12,50 $ au maximum.

Le **Festival des films du monde** se déroule de la fin août au début septembre. Il donne lieu à des projections en plein air dans la rue Sainte-Catherine.

Bars

Sir Winston Churchill Pub (1459, rue Crescent), bar sympathique et réputé au sous-sol, dîner dansant au-dessus.

Peel Pub (1107, rue Sainte-Catherine Ouest), musique rock et repas économiques, petits déjeuners à prix intéressant.

Cheers (1260, rue Mackay), tout aussi sympthique, déjeuner buffet.

Les Beaux Jeudis (1449, rue Crescent), depuis longtemps à la mode, pour voir et être vu, disque-jockey, le restaurant sert de bonnes salades.

Aigle Noir (1315 rue Sainte-Catherine Est), situé dans le Village gay ne ferme que quelques heures par jour.
Sisters (1333, rue Sainte-Catherine Est), bar gay et lesbien.

Ambiance historique

Pour revivre la Nouvelle France, **Le Festin du Gouverneur** (sur l'île Sainte-Hélène) sert un banquet accompagné d'un spectacle de musique et de comédie, pour environ 40 $ *(tous les soirs de mai à oct., le week-end le reste de l'année, sur réservation au 514 879 1141).*

Casino

Le **Casino** de Montréal offre des vues magnifiques et, bien sûr, black jack, roulette et baccarat, machines à sous et poker. Agréable surprise, le fisc canadien ne se rémunère pas sur les gains. Une tenue correcte est exigée *(âge minimum, 18 ans ; parking gratuit).*

Parc d'attractions

La Ronde, à l'autre bout de l'île Sainte-Hélène, est le grand parc d'attractions de Montréal. L'été, vous y trouverez tous les manèges classiques – grande roue, train-fantôme, autos tamponneuses et descente de rivière en radeau de rondins – ainsi que des spectacles et des restaurants. Le billet d'entrée est d'un prix modéré par rapport à celui d'autres parcs *(réduction pour les familles)* et donne un accès illimité à tous les manèges *(informations © 514 872 6222).*

LOISIRS SPORTIFS

Sports spectacles

L'équipe légendaire des Canadiens de Montréal, qui a remporté plus de Coupes Stanley que toute autre équipe de **hockey**, joue au Centre Molson (rue Stanley à l'angle de La Gauchetière, métro *Lucien L'Allier*). Bien qu'ils ne soient plus les géants d'autrefois, ils sont l'objet d'un amour unanime et inconditionnel. La saison des matchs s'étale de la fin de l'automne au milieu du printemps. Les billets coûtent entre 18 et 125 $, de nombreux matchs étant joués à guichets fermés *(informations © 514 932 2582).*

Le base-ball se joue d'avril à octobre, sous le toit du stade Olympique (métro *Pie-IX*). Il en coûte entre 8 et 36 $ pour voir jouer les équipes et l'on peut généralement acheter les billets sur place *(informations © 514 846-3976).*

La version canadienne du **football américain** est, semble-t-il, plus excitante, avec plus d'action et un style de jeu plus ouvert sur un terrain plus vaste. Les **Alouettes** jouent au Stade Molson sur le campus de l'université McGill, juste au Nord du centre-ville. La saison s'étend de la fin juillet au mois de novembre. Les billets coûtent entre 13 et 45 $ *(informations © 514 871 2255).*

Course automobile

Le **Grand Prix du Canada**, course de Formule I, qui a lieu au mois de juin sur l'île Notre-Dame connaît toujours un vif succès.

Patinage

Des patinoires en plein air sont ouvertes tous les hivers dans les parcs de la ville. On patine sur le Lac aux Castors au Parc Mont-Royal, au Vieux-Port et sur l'île Sainte-Hélène. La patinoire de l'**Atrium** (1000, rue de La Gauchetière, © 514 395 0555), près de la Gare Centrale, est ouverte toute l'année, pour 5 $ au maximum. Il vous sera possible de louer des patins sur place.

Golf

Les golfs acceptant les visiteurs sont, entre autres, **Le Village** (Parc Olympique, © 514 872 4653), le **Club de golf de Dorval** (© 514 631 4653), le **Golf municipal de Dorval** (© 514 631 4711) et le **Club de golf de Meadowbrook** (© 514 488 6612).

Ski

Certaines des meilleures pistes de **ski de fond**, plates ou avec des dénivelés, se trouvent juste au-dessus du centre-ville, dans le Parc du Mont-Royal. L'accès se fait par voiture ou par le bus n° 11 à partir du métro *Mont-Royal*, ou en montant la rue Peel. D'autres pistes sont ouvertes au Parc Maisonneuve, près du stade olympique et dans plusieurs parcs de la banlieue du Nord-Ouest de l'île, notamment Bois de Liesse et Cap Saint-Jacques. Possibilités de location de skis de fond à **La Poubelle de Ski** (8278, boulevard Saint-Laurent, © 514 384 1315) et **The Ski Exchange** (54, avenue Westminster Nord, Montréal Ouest, © 514 486 2849).

Les stations de **ski alpin** les plus proches sont Mont-Saint-Sauveur (© 514 871 0101), à 60 km au Nord de Montréal et Bromont (© 888 866 4270), à environ 70 km à l'Est. Il en existe beaucoup d'autres, la plus importante étant le Mont-Tremblant (© 800 567 6760), à 120 km au Nord, qui comporte les équipements les plus complets. Des forfaits à tarif réduit pour certaines stations sont disponibles aux magasins entrepôts *Costco* et chez certains loueurs de voiture.

Bicyclette

Montréal aime la bicyclette (« le bicycle »). Du centre-ville, des pistes cyclables partent vers les quatre coins de la ville. La plupart longent des voies réservées aux voitures, mais certaines s'en écartent et sont à l'abri de toute intrusion de véhicules. La ville aménage des parcs à bicyclettes dans de nombreuses rues.

La piste cyclable du canal de Lachine, offrant les agréments d'un parc, démarre du Vieux-Port à l'Ouest et traverse l'une des premières zones industrielles du continent qui se métamorphose en quartier résidentiel. Une bifurcation vers le Sud-Ouest revient au centre-ville en faisant une boucle qui longe le Saint-Laurent et passe devant les rapides de Lachine.

Une autre piste part du canal de Lachine, au niveau du Vieux-Montréal, et rejoint le Parc des Îles – les îles Notre Dame et Sainte-

Hélène. Par beau temps, la bicyclette est le moyen de locomotion idéal pour visiter les îles de Montréal.

Les bicyclettes se louent chez **Vélo-Tour** (99, rue de la Commune Ouest, © 514 236 8356), auprès d'un bureau situé dans le centre **Infotouriste**, l'office du tourisme du centre-ville (© 514 878 3847) et à **La Cordée Vélo** (2159, rue Papineau Est, © 514 524 1515). Le prix de la location peut aller jusqu'à 20 $ par jour, casque compris. Pour plusieurs jours, il est presque préférable d'acheter une bicyclette d'occasion, par exemple chez **Lazy Walker** (5526, rue Sherbrooke Ouest, © 514 481 5159, métro *Vendôme*, bus n° 105). Des excursions à bicyclette sont organisées *(voir p. 118)*.

Piscine

Des piscines en plein air sont aménagées dans de nombreux parcs de la ville. L'entrée est payante. Celle de l'île Sainte-Hélène est facile d'accès (métro *Île Sainte-Hélène*). Une plage et une lagune vous attendent à quelques pas sur l'île Notre-Dame.

La plus spectaculaire des piscines couvertes est la gigantesque piscine olympique (métro *Viau*), voisine du stade olympique, ouverte au public quand il n'y a pas de championnats *(© 514 252 4622 pour les horaires d'ouverture).*

Ornithologie

Le parc Summit à Westmount, au sommet d'une colline dont les pentes sont parsemées de belles demeures, est le sanctuaire de plusieurs espèces d'oiseaux (bus n° 165 ou 166 à partir du métro *Guy-Concordia*, montez la rue Belvédère, ou prenez un taxi). La promenade y est plus belle encore que dans les grands espaces du parc du Mont-Royal.

Kayak et canot à rames

En été, vous pouvez louer une barque sur le lac artificiel de l'**île Notre-Dame** (métro *Île Sainte-Hélène*, bus n° 167). Si vous désirez voguer plus longtemps sur des eaux idylliques, louez un canot ou un kayak au **Parc des Îles de Boucherville**, à l'extrémité Sud du Tunnel Lafontaine, en face de Montréal, très facile d'accès en voiture ou en ferry pendant l'été *(informations © 514 281 8000).*

À fond le ski près du Val David.

DESTINATION MONTRÉAL

Avant le départ

Vous pourrez obtenir des informations par courrier : **Tourisme Québec**, C.P. 979, Montréal, Canada H3C 2W3 ; par téléphone : numéro vert gratuit 0800 90 77 77 (7 jours sur 7), sur Minitel 3615 Québec ou sur Internet : www.bonjourquebec.com **Délégation du Québec**, 66, rue Pergolese, 75016 Paris, © 01 40 67 85 00.

Formalités d'entrée

Aucun visa n'est exigé des ressortissants des pays de l'Europe de l'Ouest et un passeport en cours de validité suffit pour un séjour de moins de trois mois.

Aucune **vaccination** n'est requise, sauf pour les personnes venant d'un pays frappé par une épidémie de maladie infectieuse.

Comment s'y rendre

Voir **Compagnies aériennes** *p. 115*

Par avion

La plupart des vols internationaux arrivent à l'**aéroport Dorval** (© 514 394 7377), situé à 22 km à l'Ouest du centre-ville.

L'**Aérobus** (© 514 931 9002) effectue un service de navette direct de 5 h à minuit à partir de Montréal, station de l'Aérobus (777, rue de La Gauchetière Ouest), près de la Gare Centrale (aller simple 11 $, aller retour 20 $). Au départ de l'aéroport, le service fonctionne de 7 h à 1 h du matin. Une liaison gratuite est assurée avec les plus grands hôtels de Montréal.

Un **taxi** pour le centre-ville coûte entre 28 $, la durée du trajet étant d'environ une 30 min, selon la circulation.

Si vous êtes peu chargé, vous pouvez prendre les transports en commun : le bus n° 211 partant du métro *Lionel-Groulx* va jusqu'au terminal de transfert pour Dorval. De là, le bus n° 204 en direction de l'Ouest vous déposera à l'aéroport.

L'**aéroport Mirabel**, à 55 km au Nord-Ouest de la ville, reçoit le fret et les vols charter internationaux. Pour informations et horaires, contactez le **514 931 9002** ou consultez le site www.admtl.com.

L'Aérobus assure un service toutes les heures à partir de 1 h 55 du matin et presque tous les jours depuis le centre-ville et à partir de 3 h du matin depuis l'aéroport (aller simple 18 $ et aller retour 25 $).

Un **taxi** vous emmène à Mirabel pour 65 $ en 45 min environ.

Par le train

Via Rail Canada, la compagnie des chemins de fer canadiens, propose une liaison rapide de centre-ville à centre-ville le long du « Corridor », de Toronto à Québec en passant par Montréal. Toutes les correspondances sont possibles avec le reste du réseau canadien et le réseau américain **Amtrak**. Pensez aux voyages de nuit qui vous font économiser une chambre d'hôtel. Le service première classe de Via comprend les repas et les boissons.

Les **billets** Via Rail sont vendus dans de nombreuses agences de voyage, par téléphone (© 514 989 2626 ou 800 361 5390) ou sur le site www.viarail.ca. Des réductions sont accordées aux étudiants (carte ISIC), aux « aînés », aux enfants, et si vous achetez vos billets à l'avance.

Pour les billets Amtrak, appelez le **800 872 7245**.

Par la route

En bus

Montréal est reliée par bus à toutes les villes du Québec, du Canada et des États-Unis. Les voyages en bus sont particulièrement économiques si vous achetez vos billets suffisamment à l'avance ou si vous avez une carte de réduction comme l'*Ameripass* de Greyhound.

La gare routière de Montréal, **Terminal Voyageur**, se trouve à l'intersection du boulevard De Maisonneuve et de la rue Berri, à la limite Est du centre-ville.

Vous obtiendrez des informations sur tous les services de bus au départ de Montréal en appelant le **514 842 2281**.

Pour les bus Greyhound, contactez le **800 231 2222** aux États-Unis ou le **800 661 8747** au Canada, ou visitez le site www.greyhound. com.

En voiture

Montréal est à une journée de voiture de Washington DC, New York, Boston et Toronto.

Sensations fortes au parc d'attractions La Ronde.

A à Z

Accidents et pannes

En cas d'accident, avertissez la police en composant le **911**. Dans la mesure du possible, remplissez la déclaration conjointe d'accident automobile (les automobilistes locaux ont un formulaire spécial).

Les loueurs de voitures vous donneront un numéro à appeler en cas d'accident ou d'ennui mécanique. Votre assureur doit pouvoir vous communiquer un numéro d'appel gratuit à composer en cas de panne.

Aéroports

voir **Comment s'y rendre** *p. 112*

Ambassades *voir* Consulats

Banques, devises et change

Le symbole **$** utilisé dans ce guide désigne le dollar canadien. La monnaie de papier existe en coupures de 5, 10, 20, 50, 100, 500 et 1 000 $ et la monnaie métallique en pièces de 2 $ (« twonie »), 1 $ (« loonie » ou « pièce »), 25 cents (« quarter » ou « 25 sous »), 10 cents (« dime »), 5 cents (« nickel ») et 1 cent (« penny » ou « sou »).

Les banques sont ouvertes du lundi au vendredi de 9 h 30 à 15 h, avec des variantes locales (ouvertures le jeudi en soirée et le samedi).

Les banques changent les chèques de voyage à des taux variant en fonction du montant. Les bureaux de change du centre-ville, au voisinage des rues Peel et Sainte-Catherine, pratiquent habituellement des taux de change plus intéressants pour les chèques de voyage et les principales devises.

Cependant si vous avez besoin de changer de l'argent dès votre arrivée à l'aéroport Dorval, vous trouverez un bureau Thomas Cook ouvert de 6 h à 23 h.

De nombreux magasins acceptent les dollars US mais à des taux désavantageux.

Les meilleurs taux de change sont obtenus sur les achats effectués par carte de crédit (*Visa* et *Master Card* sont très largement acceptées, y compris dans les supermarchés) et sur les retraits aux guichets automatiques. Les taux, les commissions et les frais varient d'une banque à l'autre.

Bicyclette *voir p. 110*

Boissons alcoolisées

L'âge légal de la consommation d'alcool est 18 ans.

La Société des Alcools du Québec (**SAQ**) contrôle la vente des alcools et des vins en les proposant dans ses propres magasins.

Vous trouverez nombre d'adresses dans la ville. Les **SAQ Express** offrent un choix plus restreint mais sont ouvertes plus tard le soir. La **SAQ Signature** (998, boulevard de Maisonneuve Ouest, dans les Cours Mont-Royal), est spécialisée dans le haut de gamme.

Un choix limité de vins bon marché est offert chez les épiciers de proximité (« dépanneurs ») et dans les supermarchés.

Certains restaurants n'ayant pas de licence pour vendre de l'alcool vous invitent à « apporter votre vin ».

Bureaux de poste

Les bureaux de poste sont ouverts de 8 h à 17 h et généralement fermés le samedi. Il est conseillé de n'y aller que pour envoyer des paquets. Achetez vos timbres chez les « dépanneurs », les buraliste ou au comptoir postal des pharmacies.

Les deux principaux bureaux de poste du centre-ville sont au 1250, rue University et au 1974, rue Sainte-Catherine Ouest.

Les tarifs postaux sont soumis aux taxes. Une lettre est affranchie à 46 sous pour le Canada, 55 sous pour les États-Unis et 95 sous pour les autres pays.

Pour les informations générales sur la poste, appelez le **800 267 1177.**

Bus *voir* Transport

Cartes et Guides

Le Guide Vert Michelin Le Québec fournit des plans détaillés de Montréal et ses quartiers, avec des informations complètes sur les principales curiosités et les environs. Il donne aussi des renseignements sur des excursions qui pourraient vous tenter à partir de Montréal.

Cartes, brochures et plans du métro et des bus sont disponibles gratuitement auprès des centres **Infotouriste** (*voir* **Renseignements touristiques**). Les agences de location de voiture fournissent aussi des cartes gratuites pour vous aider à préparer votre itinéraire et faciliter votre voyage.

Pour visiter la région de Montreal, il est recommandé de se procurer une grande carte routière, en vente dans les librairies.

Climat *voir p. 91*

Compagnies aériennes

Parmi les compagnies qui desservent Montréal :

Air France : © 0820 820 820.

Air Canada : ✆ 0820 870 87.
Air Transat : ✆ 0828 325 825.

Pour un voyage à la carte, contactez :
Comptoir du Canada : ✆ 01 53 10 21 70.
Compagnie des États-Unis et du Canada : ✆ 01 55 35 33 50.
Vacances Air Canada : ✆ 01 40 15 15 15. Ce voyagiste propose notamment une formule 6 jours/ 4 nuits pour assister au Grand Prix de Formule 1.

Conduire à Montréal

Même si la circulation en centre-ville n'a rien d'effrayant par rapport à celle d'autres villes, les autoroutes sont souvent embouteillées.

Étant donné que toutes les attractions sont concentrées dans une zone relativement réduite, votre véhicule, si vous en avez un, pourra parfaitement rester au garage. Sinon, vous devrez affronter les rues enneigées en hiver, la pénurie de places de stationnement et l'indiscipline des piétons montréalais qui zigzaguent entre les voitures, au péril de leur vie.

L'âge minimum pour conduire est 18 ans. La signalisation est en français et les symboles sont aisés à comprendre. On conduit à droite et le port de la ceinture de sécurité est obligatoire. En ville, la vitesse est limitée à 50 et parfois 30 km / h, avec une certaine tolérance pour les dépassements. Les véhicules mal stationnés risquent d'être remorqués à la fourrière.

Jeunes ou vieux, tout le monde pousse à la roue !

L'essence, qui coûte un tiers de plus au Québec qu'aux État-Unis, est malgré tout beaucoup moins chère qu'en Europe.

Consulats

Belgique
999, boulevard De Maisonneuve Ouest, ✆ 514 849 7394.

France
1, Place Ville-Marie, ✆ 514 878 4381.

Suisse
1572, avenue Dr Penfield, ✆ 514 932 7181.

Courant électrique

Le courant alternatif est de 110 volts et 60Hz, comme aux États-Unis. Les prises sont conçues pour des fiches à deux branches parallèles plates et une branche de mise à la terre, de sorte que les appareils européens nécessitent un adaptateur.

Les salles de bains de nombreux hôtels ont des prises de courant en 220 volts qui acceptent des fiches à deux branches.

Les appareils électriques ne fonctionnent pas forcément bien sans transformateur.

Enfants

La plupart des hôtels accordent la gratuité aux enfants de moins de 18 ans qui partagent la chambre de leurs parents. Des services de garde d'enfants sont disponibles dans les plus grands hôtels.

Les enfants bénéficient de réductions dans les musées, les patinoires, les cinémas et pour de nombreuses autres activités.

Les **festivals** de Montréal plairont aux enfants comme aux adultes. L'animation des rues est constante pendant le Festival International de Jazz et les autres événements de l'été. Les **artistes de rue**, amuseurs, clowns, statues vivantes et jongleurs animent la place Jacques-Cartier et les rues environnantes du Vieux-Montréal.

Parmi les attractions du Vieux-Port, signalons le cinéma sur écran géant **IMAX**, des distractions plus vagabondes, tel le mini-train, et des spectacles de musique et de cirque.

Les enfants, grands et petits, aimeront le spectacle multimédia de 50 min. sur l'astronomie, en français et en anglais, au **Planétarium de Montréal**, au Sud du centre-ville (1000, Saint-Jacques Ouest, métro *Bonaventure ; renseignements au 872 4530*).

Outre les piscines, parcs et aires de jeux, la patinoire de l'**Atrium** *(voir p. 110)* est ouverte toute l'année. **Laser Quest** (1226, rue Sainte-Catherine Ouest, ✆ 514 393 3000) occupera les jeunes pendant plusieurs heures.

L'**Écomusée** de Sainte-Anne-de-Bellevue présente les animaux de la vallée du Saint-Laurent dans leur environnement, le **parc régional Cap Saint-Jacques** à l'extrémité Nord-Ouest de l'île montre une ferme en activité.

Les **bibliothèques** de la ville organisent des lectures en anglais et en français. À la bibliothèque de Westmount, des séances de lectures ont lieu le mercredi (4574, rue Sherbrooke Ouest, ✆ 514 989 5300).

Excursions et visites organisées

Parmi les nombreuses excursions proposées, citons :
Vélo-Tour Montréal (99, rue de la Commune Ouest, ✆ 514 236 8356). Excursions à bicyclette en plusieurs langues.
Le Bateau-mouche (Vieux-Port, ✆ 514 849 9952). Croisières en bateau mouche, toit transparent, dîner à bord.
Croisières ALM Montréal (Vieux-Port, quai de l'Horloge, ✆ 514 842 3871). Propose également différentes formules.
Gray Line (Infotouriste, 1001, square Dorchester, ✆ 514 934 1222) et **Tours Royal** (Infotouriste, 1001, square Dorchester, ✆ 514 871 4733). Visite guidée en bus, air conditionné. Départ du square Dorchester.
Montréal Guide Service (✆ 514 342 8994). Service de guides sur mesure en plusieurs langues.
Services de calèches et traîneaux Lucky Luc (1810, rue Basin, ✆ 514 934 6105), en groupe ou en individuel, avec un guide parlant français.
Guidatour (✆ 514 844 4021 ou 800 363 4021). Visites guidées du Vieux-Montréal, à pied. Pour une découverte des quartiers moins connus, contactez **L'Autre Montréal** (2138, rue Rachel, ✆ 514 521 7802).
Les Descentes sur le Saint-Laurent (Infotouriste, 1001, Dorchester Square, ✆ 514 767 2230 ou 800 324 7237) et **Saute-Moutons Jet Boating** (Vieux-Port, ✆ 514 284 9607). Canotage et rafting (vous serez copieusement mouillé) sur les rapides de Lachine – prenez des vêtements de rechange !

Hébergement *voir p. 94*

Heure locale

Montréal vit à l'heure de l'Est du continent nord-américain, c'est-à-dire l'heure de Greenwich moins cinq heures (6 h de décalage avec la France). D'avril à octobre, les montres sont avancées d'une heure pour profiter de la lumière du jour.

Horaires d'ouverture

Les magasins sont ouverts de 9 h à 18 h en semaine et jusqu'à 17 h le samedi.

Les grands magasins et de nombreuses boutiques dans les centres commerciaux restent ouverts jusqu'à 21 h le mercredi et le vendredi et ouvrent de 12 h à

17 h le samedi. Les **petits supermarchés** observent les mêmes horaires et ferment le dimanche, tandis que les **grands supermarchés** ouvrent de 8 h à 23 h six jours par semaine, et parfois jusqu'à 17 h ou même plus tard le dimanche.

Les **grandes pharmacies**, comme *Pharmaprix* ou *Jean Coutu*, qui ressemblent fort à des drogueries, sont ouvertes de 9 h à 21 h. Les épiceries de proximité (« dépanneurs ») ont les mêmes horaires d'ouverture.

Les attractions touristiques, notamment les musées, ouvrent généralement de 10 h à 17 h, avec des variations importantes selon la saison, et sont souvent fermées le lundi.

Les **bureaux** sont ouverts de 8 h 30 / 9 h à 17 h / 17 h 30.

Voir aussi **Bureaux de poste** *et* **Banques, devises et change.**

Internet

Si vous avez un ordinateur portable, vérifiez les numéros d'accès local de votre fournisseur avant de partir. Ne vous connectez pas au système téléphonique de l'hôtel avant d'avoir vérifié la compatibilité des lignes.

L'accès à l'internet est possible dans les aéroports et les centres d'affaires des hôtels, mais à des tarifs très élevés (jusqu'à 30 $ l'heure). Pour vous connecter à moindre coût, consultez les Pages Jaunes en français sous la rubrique

Le Tour de l'Île *dans la bonne humeur.*

Internet-Cafés ou essayez la librairie *Chapters*, à l'angle des rues Sainte-Catherine et Stanley.

Journaux

Vous pouvez lire les nouvelles dans la presse montréalaise, en anglais dans *The Gazette* et en français dans *La Presse*, dans l'intellectuel *Le Devoir* et dans le *Journal de Montréal*, plus populaire.

Jours fériés

Les jours fériés ne sont pas tous chômés. Les stations d'essence sont fermées le dimanche de Pâques et le jour de Noël. Le **11 novembre** est très souvent chômé, en souvenir de l'Armistice, mais n'est pas un jour férié officiel.

Jour de l'an : 1er janvier
Vendredi Saint
Lundi de Pâques
Fête de Dollard : 3e lundi de mai
Saint-Jean-Baptiste : 24 juin
Fête du Canada : 1er juillet
Fête du Travail : 1er lundi de septembre
Fête de l'Action de grâce : 2e lundi d'octobre
Noël : 25 décembre
Le lendemain de Noël : 26 décembre

Langues

Le français est la langue de la vie, de l'amour, des affaires, avec laquelle on peut tout faire à Montréal. La ville est évidemment ancrée dans le monde nord-américain et pourtant elle a ce côté français et latin qui lui donne une allure familière et étrange à la fois.

Les Montréalais francophones comprennent le français des visiteurs venant d'Europe, l'inverse n'est pas toujours vrai. Les expressions locales sont savoureuses et imagées. Elles font parfois resurgir de vieilles expressions françaises oubliées, mêlent avec bonheur des emprunts anglais francisés ou démontrent le génie local de l'adaptation. Un biscuit salé (cracker en anglais) est un « craquelin » au Québec, faire des courses c'est « faire du magasinage ». Vous n'aurez aucun mal à comprendre le français parlé dans les magasins, à la télévision, dans les restaurants et les hôtels.

Même si le français est omniprésent, l'anglais est inévitablement compris et le plus souvent utilisé par tous en affaires au

Français	Français du Québec
marchander	bargainer
s'amuser	avoir du fun
petit déjeuner	déjeuner
déjeuner	dîner
dîner	souper
téléphoner en PCV	appeler à frais virés
pressing	nettoyeur

centre-ville, dans l'Ouest de la ville et les banlieues Ouest. Les autres langues parlées dans Montréal sont l'espagnol, l'arabe, le cantonais, le grec, l'italien et le yiddish.

Location de voiture

On n'a pas vraiment besoin d'une voiture pour visiter Montréal. D'ailleurs, vous serez plus libre si vous n'avez pas de problème de stationnement. En revanche, pour visiter des sites en banlieue, les parcs et les stations de ski, une voiture de location sera utile.

Les tarifs varient selon la saison et le mode de réservation. Les meilleurs tarifs se trouvent généralement sur les sites de voyage Internet. Les taux les plus élevés vous seront imposés si vous vous y prenez au dernier moment. La plupart des sociétés ont des numéros de téléphone gratuits pour la réservation.

Choisissez votre type de location – kilométrage illimité ou paiement au kilomètre – en fonction de votre itinéraire. Des frais supplémentaires sont facturés pour un deuxième conducteur, et pour un jeune conducteur de moins de 25 ans. Le paiement par carte de crédit permet d'éviter le dépôt d'une somme importante en garantie. Les cartes de crédit *Gold* et *Platinum* vous font bénéficier déjà d'une garantie qui se substitue à l'assurance très chère que proposent les agences de location.

Principales agences de location de voiture :

Avis :	✆ 800 321 3652
Budget :	✆ 800 268 8900
Hertz :	✆ 800 263 0678
Thrifty :	✆ 800 367 2277.

Pannes *voir* Accidents

Personnes handicapées

Les hôtels et les attractions touristiques ont, dans la mesure du possible, des équipements permettant l'accès des personnes en chaise roulante. Pour obtenir le guide *Accès-tourisme* (15 $, plus 5 $ de frais d'envoi) contactez KEROUL, 4545 avenue Pierre-de-Coubertin, CP 1000 Montréal (Qc) H1V 3RZ. Vous pouvez obtenir des informations sur les équipements spécifiques en téléphonant au **514 252 3104**, par e-mail à croy@keroul.qc.ca et sur le web à www.keroul.qc.ca.

Les personnes handicapées résidantes bénéficient de moyens de transports publics sur demande. Les lignes de bus nos 11, 14, 27, 51 et 97 de la zone centrale sont accessibles aux personnes handicapées en dehors des heures de pointe. Pour les autres lignes, consultez le site Internet des transports www.stcum.qc.ca.

Photos

On achète et on fait développer les pellicules de photos dans les pharmacies, les grands magasins, les supermarchés, les « dépanneurs » et, bien sûr, chez les photographes.

Police

Composez le **911** pour appeler la police de la communauté urbaine de Montréal. Les autoroutes sont surveillées par les officiers de la Sûreté du Québec, la police provinciale. La Gendarmerie du Canada (la police montée) exerce des fonctions limitées dans la province.

Pourboire

Dans les restaurants, les prix sont généralement annoncés taxes et pourboire non compris. La taxe représente environ 15 % et le pourboire, laissé à l'appréciation du client, est habituellement de 10 à 15 %. Les pourboires sont équivalents pour les taxis. Les portiers des hôtels attendent un dollar pour un ou deux bagages légers. On peut donner un modeste pourboire aux guides touristiques et au personnel des vestiaires, mais il n'est pas d'usage d'en donner au personnel des stations-service ou des cinémas.

Radio et télévision

La plupart des postes de télévision sont câblés ou reliés par satellites. Les programmes sont diffusés en français, anglais, espagnol et parfois dans d'autres langues, en provenance du Canada, des États-Unis, de France, d'Amérique Latine et d'ailleurs.

Les stations de radio locales proposent une grande diversité de programmes en français et en anglais.

Religion

Les grandes religions sont présentes à Montréal. Pour les lieux de culte, consultez les Pages Jaunes sous les rubriques « Églises », « Mosquées », « Synagogues », etc.

Renseignements touristiques

Le principal bureau d'informations touristiques à Montréal est le **Centre Infotouriste**, 1001, rue Square Dorchester. Ouvert du 1e juin au premier lundi de septembre tous les jours de 7 h à 20 h, et du premier lundi de septembre au 31 mai tous les jours de 9 h à 18 h.

Le personnel répondra avec sollicitude à toutes vos questions et vous aidera à organiser vos excursions, faire des réservations d'hôtel, louer un véhicule et trouver des cartes et des brochures d'information.

Un deuxième bureau, moins important, se trouve au 174, rue Notre-Dame Est, dans le Vieux-Montréal.

Pour obtenir des informations touristiques quand vous êtes à Montréal, téléphonez au **514 873 2015**. À partir du reste du Canada ou des État-Unis, téléphonez au **800 363 7777** ou au **877 BONJOUR (877 266 5687).**

Sur l'internet, consultez le site officiel des informations touristiques de Montréal **www.tourism-montreal.org**. et les sites www.tourisme.gouv.qc.ca et **www.bonjourquebec.com**

Pour obtenir des informations avant le départ, contactez :

Belgique
Délégation générale du Québec
46, av. des Arts
1040 Bruxelles
✆ 02 512 00 36

France
Tourisme Québec
BP 25
67161 Wissembourg Cedex
✆ 0800 90 77 77 ou sur Minitel : 3615 Québec

Santé

Les visiteurs venant d'autres provinces du Canada doivent se munir de leur carte d'assurance médicale provinciale et doivent vérifier leur couverture médicale avant de partir.

Les visiteurs venant de l'étranger doivent vérifier que leur assurance médicale publique ou privée les couvre pour un séjour au Canada ; dans le cas contraire, prévoir une assurance spéciale avant le départ.

L'attente au service des urgences peut être longue dans les hôpitaux. Les cas non urgents peuvent être traités dans des cliniques de jour, par exemple **Metro Medic**, 1253, rue Guy (✆ 514 932 2122). Les centres de santé publique (appelés CLSC) reçoivent les visiteurs, mais les tarifs y sont plus élevés que dans les cliniques privées. Pour les urgences dentaires, appelez le **514 342 4444**, service 24 h sur 24.

En principe, les soins médicaux sont donnés en français, sauf dans quelques services ou établissements comme le *Montreal General Hospital* et le *Royal Victoria Hospital* proches du centre-ville.

Sécurité

Selon les statistiques, la criminalité à Montréal concerne relativement peu les agressions contre les personnes, mais plutôt des attaques de banques et des cambriolages. Les Montréalais estiment donc être en sécurité dans les rues à toute heure. Evidemment, les visiteurs, ne connaissant pas les lieux, risquent d'être la proie de personnes mal intentionnées. Il faut donc appliquer les consignes de sécurité habituelles :

- Laissez bijoux, cartes de crédit et argent au coffre de votre hôtel.
- Mettez vos biens précieux dans des poches intérieures et tenez votre sac fermement.

- Fermez votre voiture (louée ou non) et ne laissez rien d'apparent.
- Faites attention au milieu de la foule.

En cas de vol, faites une déclaration à la police (✆ 911), en cas de perte de votre passeport, contactez votre consulat.

Tabac

On fume beaucoup plus au Québec que partout ailleurs en Amérique du Nord, mais il est interdit de fumer dans les lieux publics, les immeubles de bureaux, les magasins, les bus et les trains.

Dans les restaurants, l'interdiction de fumer n'est pas appliquée partout, mais on peut demander une table non-fumeur.

Le prix du tabac est beaucoup moins élevé que dans de nombreux pays européens, mais sans doute préférerez-vous profiter des achats détaxés.

Taxis *voir* Transport

Téléphone

Les téléphones publics fonctionnent avec des pièces (25 cents pour les appels locaux) ou des cartes magnétiques achetées dans des distributeurs ou dans les pharmacies. Les cartes sont différentes pour les appels locaux et interurbains. Vous pouvez aussi utiliser une carte de crédit – vérifiez le coût de la communication avant de raccrocher ; il peut varier suivant les cartes de crédit.

Le coût est le même pour les appels locaux, quelle qu'en soit la durée. L'appel des numéros commençant par **800**, **888** ou **877** est entièrement gratuit, n'introduisez aucune pièce.

L'indicatif pour la communauté urbaine de Montréal est le **514** et le **450** pour les localités voisines.

Pour un appel local, composez simplement le numéro à 7 chiffres de votre correspondant.

Il existe de multiples façons d'appeler l'étranger : en PCV de n'importe quel poste de téléphone ; à partir d'un téléphone public, avec des pièces, une carte de téléphone ou une carte de crédit, une carte de téléphone à tarif réduit que l'on achète dans les « tabagies » ou chez les « dépanneurs » (solution la moins chère ; instructions sur la carte) ou par le standard de votre hôtel (solution la plus coûteuse).

Pour les communications interurbaines avec le reste du Canada, les États-Unis ou les Caraïbes, faites précéder l'indicatif du préfixe **1**.

Pour le reste du monde, composez le **011** suivi de l'indicatif du pays (Belgique **32**, France **33**, Luxembourg **352**, Suisse **41**).

Utilisez le préfixe **0** pour les appels en PCV et le préfixe **01** à partir des cabines publiques.

Des numéros gratuits **Home Direct** vous mettent en relation avec des opérateurs dans des pays étrangers :
Belgique : © 800 806 0320
France : © 800 363 4033
Suisse : © 800 244 8141.

Appelez le **411** pour les renseignements téléphoniques locaux (payants).

Transports

Montréal est une ville où il fait bon marcher au printemps, en été et en automne. Plus que dans d'autres villes, les rues du centre sont toujours animées et pleines de piétons, au point qu'ils se sentent toujours prioritaires et traversent les rues en bravant les interdits, pratique que les simples visiteurs ne doivent pas s'enhardir à suivre !

L'hiver, quant à lui, est un défi. Bien sûr, vous serez à l'abri dans le réseau souterrain des passages et des galeries marchandes mais le moment viendra où vous devrez affronter des températures polaires et des rues qui ne seront pas toujours complètement déneigées. Habillez-vous en conséquence et marchez avec prudence.

Le **métro** de Montréal possède un réseau efficace dans le centre, et les grandes lignes desservent le Nord, l'Est, l'Ouest et Longueuil sur la rive Sud du Saint-Laurent.

Les **bus** et le métro sont gérés par la même société. Le réseau de bus dessert la zone centrale et les périphéries. Le service est plus fréquent dans le centre. Des cartes détaillées du réseau des transports publics sont disponibles aux guichets des stations de métro.

Avec un ticket à 2 $ vous pouvez réaliser un trajet en métro et la connexion gratuite à une ligne de bus. Ce n'est vraiment pas cher. Le ticket ne revient plus qu'à 1,40 $ si vous l'achetez par carnet de six, aux guichets du métro ou chez les « dépanneurs ».

Des cartes touristiques d'une journée (7 $) et de trois jours (14 $) sont proposées d'avril à octobre dans les stations de métro du centre-ville.

Toute l'année, à la station Berri-UQAM, les visiteurs peuvent se procurer une carte de transport

World Trade Center.

hebdomadaire, encore plus économique, pour seulement 12,50 $, qui s'achète les deux premiers jours de la semaine aux guichets du métro.

Enfin, les **taxis** sont relativement peu chers, par comparaison avec les autres villes. La prise en charge est de 2,25 $, et le kilomètre coûte 1,20 $. On peut héler un taxi dans la rue ou bien l'appeler par téléphone. Voir la liste dans les Pages Jaunes à la rubrique « Taxis ».

Urgences

Faites le **911** pour appeler la police, les pompiers ou les urgences médicales. Les opérateurs sont bilingues.

Vêtements

Les tenues décontractées sont parfaites pour visiter Montréal. Par temps chaud, jeans, shorts et sandales sont acceptés pour la plupart des activités et dans la majorité des restaurants. Une tenue vestimentaire plus classique, veste et cravate ou robe, est de rigueur dans les restaurants chic, au théâtre et au concert.

Bien sûr, il faudra prévoir des vêtements et accessoires de saison : manteau, bottes, chapeau, gants et écharpe en hiver, et parapluie au printemps, en été et en automne. Un chapeau vous protégera des ardeurs du soleil pendant les longues journées d'été.

Comment se chausser sous ces latitudes ? La question est de taille pour ceux qui n'ont pas l'habitude du climat de Montréal. Les autochtones ont le plus souvent de belles bottes d'hiver qu'il leur suffit d'essuyer pour les garder au pied dans les restaurants. Ils mettent aussi sur leurs chaussures ce qu'ils appellent des « par-dessus », si bien qu'en entrant dans les restaurants, ils les quittent en même temps que leur manteau. Si vous êtes invité chez des Canadiens, vous pouvez adopter cette méthode ou bien enlever vos bottes et marcher en chaussettes.

Vous trouverez des vêtements à des prix abordables et vous ferez certainement de bonnes affaires.

Vêtements femmes

Tailles UK	8	10	12	14	16	18
Tailles Europe	34	36	38	40	42	44
Tailles US	6	8	10	12	14	16

Costumes hommes

UK/US	36	38	40	42	44	46
Europe	46	48	50	52	54	56

Chemises hommes

UK/US	14	14.5	15	15.5	16	16.5	17
Europe	26	37	38	39/40	41	42	43

Chaussures hommes

UK	7	7.5	8.5	9.5	10.5	11
Europe	41	42	43	44	45	46
US	8	8.5	9.5	10.5	11.5	12

Chaussures femmes

UK	4.5	5	5.5	6	6.5	7
Europe	38	38	39	39	40	41
US	6	6.5	7	7.5	8	8.5

INDEX

INDEX